声かけ×仕組み化×習慣化で変わる!

子どものやる気の引き出し方

石田勝紀

日本能率協会マネジメントセンター

プロローグ

あなたは「子どものやる気を引き出す親」ですか？

それとも「子どものやる気をうばう親」ですか？


この質問に、ドキッとした方も多いのではないでしょうか。

「私は、子どものやる気をまったく引き出せていない……」と落ちこんでしまった方も、どうか安心してください。

「日々、子どものやる気を引き出せている！」と自信満々に答えられる方は、ごく僅《わず》か。「毎日叱ってばかり」「自分の思いどおりの子育てはできていない」と嘆《なげ》いている親御《おやご》さんのほうが、はるかに多いのですから。

無理もありません。そもそも私たちは、親になる前に子どものやる気の引き出し方なんて習っていませんよね。「どうすれば、人のやる気がわいてくるか」というメカニズムを知らない親御さんがほとんど。

子どものやる気を引き出せる親が少ないのは、至極《しごく》当然のことなのです。

多くの親が「自ら行動する子になってほしい」と思っている

私は、約35年間、子どもたちの教育に携わってきました。さまざまな親御さんのもとで育った、いろいろなタイプの子どもたちに勉強を教えてきました。講演会やイベントを含めると、その数は5万人を超えます。また、子育てや教育について学び合う「Mama Café（ママカフェ）」コミュニティを全国で主宰し、1万人以上の親御さんたちのリアルな悩みに直接向き合ってきました。

いずれの親御さんも、真面目に、一生懸命にお子さんのことを考えています。

子どもに、「良い人生を歩んでほしい」と願っています。そのために「子どもの意欲を引き出したい」「自ら行動する子になってほしい」と考えています。

お子さんのやる気を引き出すことこそ、全国の親御さんの悲願かもしれないと感じるほどです。

「朝起きてから夜寝るまで、私がガミガミ言いつづけないと、うちの子は動かない」

「宿題も勉強も、自分からしようとしない。どうすればいいですか?」と、みなさん口を揃《そろ》えます。

「どうすれば、自ら進んで行動するようになりますか?」と。

もちろん、どんな子でも一律に、〝これをすればうまくいく〟という絶対解はありません。それでも、〝こうしたほうがうまくいきやすい〟という原理原則はあります。

この原理原則を知れば、もっと効果的に、もっとわくわくしながら子育てができるようになります。

実際に「Mama Café」に参加されたお母さんの中には、「子どもへの接し方を変えたことで、子どもが変わった！」と目をキラキラさせて報告してくださる方がたくさんいます。

子どものやる気を引き出す「5つのステップ」

そこで本書では、多くの親御さんと子どもを見てきた筆者が発掘した、「子どものやる気を引き出すステップ」をご紹介します。第1章から第5章までを読めば、階段をのぼるように、子どものやる気を引き出すことができるようになっていくでしょう。

第1章から順番に読んでもいいですし、ご自身が苦手だと感じる章から読んでいただいても構いません。

各章は次のような内容になっていますので、参考にしてみてください。

第1章はファーストステップ。**まずは〈自分に気づく〉ことから始めます。**

私が作成した15のチェックリストを使い、自分自身が「子どものやる気を引き出す親」なのか、それとも「子どものやる気をうばう親」なのかを採点してみましょう。

現時点での点数を気にする必要はありません。大事なのは、「自身の子育てを把握する」こと。現状を知らなければ、改善の仕方もわかりません。

あなた自身の根底にある考え方や子どもとのコミュニケーションの仕方、思考の癖などを知ることから始めましょう。

第2章は **ステップ2〈実態を知る〉**です。この章では、子どものやる気を引き出す親の実態を知り、自身の子育てに活かしていきます。
私は、これまで上手に子どものやる気を引き出せている人、あるいは残念ながら上手に子どものやる気をうばってしまっている人の双方に出会ってきました。この経験則をもとに、それぞれの親の特徴を5つにまとめ、紹介しています。

第3章からは、いよいよ実践編です。
ステップ3は〈言葉を変える〉。子どものやる気をうまく引き出している親御さんを分析すると、「声かけが違う」という特徴があります。
子どものやる気をうばう言葉をやる気にさせる言葉に、どう変換していけばいいのか。具体的な声かけ例をあげながら、見ていきます。

第4章は **ステップ4〈仕組みをつくる〉**です。
声かけは、行動を促すきっかけづくりとして有効ですが、効果が一時的であったり、子どもによっては効き目が弱かったりするケースがあります。そこで大切になるのが**「自然とやる気がわいてくる仕組みをつくる」**こと。

第4章では、仕組みづくりの具体例を紹介します。

第5章は**ステップ5〈習慣化する〉**です。

第4章で学んだ仕組みを定着させるための習慣化のコツについて学んでいきます。習慣さえできれば、親が口うるさく声をかける必要はなくなります。

たとえば、歯磨き。小学生くらいになると、親から言われなくても自主的に歯磨きするようになりますよね。それは、歯磨きが習慣として定着したから。

第5章では、歯磨きのように、**親から言われなくても子どもが自主的に行動する秘訣《ひけつ》**を考えていきます。

すべての土台となるのは「信頼関係」

第1章から第5章まで、「子どものやる気を引き出す5つのステップ」について簡単に説明しました。

ただ、すでに目次をご覧になった方は、「あれっ？」と思われたかもしれません。そう、この本は第6章まであるのです。最後の章は**ステップ0〈信頼関係を取りもどす〉**です。

第6章は基本ながら、とても重要です。

親と子の信頼関係は、いわばすべてのステップの原点であり、土台となるもの。

1から5までのステップをふみ、それでも子育てが変わらない、子どもにプラスの変化が見られないという人はぜひ、第6章を重点的に読んでみてください。

また現段階で、日頃から「子どもに声をかけても反応がない」「子どもが反抗的で、頭を悩ませている」という方は、第6章から読んでみてもいいかもしれません。

子育てのイライラをなくし、わくわくを増やしたい

この本を出版する1年前の２０２２年は、親御さんから筆者への相談件数が、過去35年の中でとくに多い1年でした。２年以上にわたるコロナ禍《か》で、親御さんの負担はさらに大きくなり、イライラや疲労を溜めこんでいる方が増えていると感じます。

一方、小中学校でタブレット学習が取り入れられたり、YouTubeやTikTok、オンラインゲームなど、子どもたちをとりまくネット環境が進化していることから、ゲームや動画、スマホ関連の悩みも増え、深刻化しているのがうかがえます。

子育てに悩むすべての親御さんの力になりたい。

日々忙しい中で、子どもを想い、現状を変えるべくなにかヒントを得たいとこの本を手にとってくださった方々の悩みが少しでも軽くなるように。

子育てにまつわるイライラがなくなり、わくわくや楽しさが増えていくように。
そんな想いをこめて本書を執筆しました。
お役に立てることを、心から願っています。

2023年5月

石田勝紀

CHAPTER 02

ステップ2　実態を知る　

CHAPTER 03

ステップ3 言葉を変える

CHAPTER 04

ステップ4 仕組みをつくる

子どものやる気を引き出す12のメソッド

CHAPTER 05

ステップ5 習慣化する

CHAPTER 06

ステップ0 信頼関係を取りもどす

CHAPTER
01

ステップ1
自分に気づく

私は、子育てや教育について学び合う「Mama Café（ママカフェ）」コミュニティを全国で主宰し、開始以来6年で1万人のママさんが参加しました。
「Mama Café」は、子育てをしている方が複数人でカフェやオンライン上に集まり、育児の悩みや疑問をざっくばらんに語り合う場です。

この会に参加された方の多くは、自身の話を聞いてもらいながら、時折〝ハッ〟とする体験をしています。たとえば、こんな具合です。

参加者Aさん：ウチの息子は、集中力がないんです。机に向かっても、落ち着きがなくて。宿題もなかなか進まなくて、毎日困っています。
石田（私）：そうなんですね。ちなみに息子さんって、ゲームはしますか？
参加者Aさん：します、します。それも困っていて。何時間でも、ず〜っとやっているんですよ。
石田（私）：えっ、息子さん、集中力あるじゃないですか！

参加者Aさん：あっ……！

この会話を聞いて「参加者Aさんって私のことでは？」と思ってしまった方、きっと多いのではないでしょうか。

Aさんは、お子さんの集中力がないと悩んでいました。でも、このお子さんは物事に集中して取り組む能力を持っているのです。

なぜならその証拠に、ゲームには没頭《ぼっとう》できているわけですから。

この場合、「集中力がない」わけではありません。厳密にいうと「親が望むこと（宿題や勉強など）への集中力がない」というのが正しい見立てでしょう。

ですから、やみくもに「子どもの集中力を上げよう！」としても意味がありません。**「ゲームに集中できる息子が、なぜ宿題や勉強には集中できないのか？」を考えていく必要があります。**

このように悩みや問題を解決するためには、正しい現状把握が欠かせません。最短距離でゴールにたどりつくためには、出発点のズレを解消する必要があるのです。

ちなみに参加者Aさんと私のやり取りは、「Mama Café」ではよくある光景の一つです。

「言われてみれば、たしかに」「よくよく考えてみると、そうですよね」という言葉がよく飛び交《か》います。

それほど自分の子どもや、自身の子育てを俯瞰《ふかん》して見ることは難しい。他者の目で見れば気づけることも、自分自身では見えない、あるいは歪んで認識しているということがよくあります。

そこで第1章では、子どものやる気を引き出す親になるファーストステップとして、〈自分に気づく〉ことから始めたいと思います。

残念ながら、ここでは私と対話することはできませんから、代わりに本書では「やる気を引き出す親度チェックリスト」を用意しました。

あなたがどのくらい子どものやる気を引き出す親なのか、どのくらいやる気をうばう親なのかを見ていきます。

現時点での採点結果を気にする必要はありません。**大事なのは、「自身の子育てを把握する」こと。** あくまで今、自分が立っている地点を確認するためのチェックリストです。

あなた自身の根底にある考え方や子どもとのコミュニケーションの仕方、思考の癖などを知ることに役立てていただければと思います。

はじめに、採点する際の注意事項をお伝えします。

チェックリストのあとに、一つずつ項目を解説し、回答する際の注意点を記しています。

先ほどもお伝えしたとおり、自分を客観視するのは難しいもの。できるだけ思いこみやバイアスをとりのぞけるように、具体的なシチュエーションなど参考になる情報を書いていますので、こちらを参照しながら回答するようにしてください。

やる気を引き出す親度チェックリスト

次の15個のチェックリストに対して、最も自分に当てはまる答えを選び、（　）に該当する点数を記載しましょう。

27ページから各項目について詳しく解説していますので、そちらをご覧いただきながら4点満点で考えてみてください。記入し終わったら、45ページの表に点数を書き入れましょう。結果については、46ページ以降で解説しています。

強くそう思う／よくそうしている……………4点
ややそう思う／たまにそうしている…………3点
あまりそう思わない／ほとんどない…………2点
まったくそう思わない／まったくない………1点

❶ 子どもは親の言うことを聞くべきだ　（　　）点
❷ 子どもの短所やできていないことが気になる　（　　）点
❸ 子どものやりたいことよりも家族のスケジュールを優先する　（　　）点
❹ 「子どもと親は違う人間だ」と頭ではわかっていても、「同じ価値観・性格・タイプ」だと思って対応してしまう　（　　）点
❺ 子育てに限らず、イライラすることが多い　（　　）点

❻ 日常的に子どもに指示・命令をしている（　）点

❼ 同じミスを繰り返す子どもに感情的になってしまう（　）点

❽ 同年代の他の子どもと自分の子どもを比較して一喜一憂する（　）点

❾ 言われたとおりにやらない子どもにイライラする（　）点

❿ 子どもとの対話で、親のほうが子どもよりも多くしゃべっている（　）点

⓫ 子どもに「早くしなさい」と連呼する（　）点

⓬ 子どもの言動の細かいことまで気になる（　）点

⓭ 子どもに「がんばるのよ」「がんばりが大切」という言葉をよく使う（　）点

⓮ 子どもに反抗されると、負けずに対抗する（　）点

⓯ 親自身が日々を楽しめていない（　）点

チェック項目の解説

❶ 子どもは親の言うことを聞くべきだ

「子どもは親の言うことを聞くべきだ」と、どの程度思うか（思わないか）を問う項目です。

この項目に回答するために日常のシチュエーションを思い浮かべてみましょう。

たとえば就寝時間になっても、なかなか寝ようとしない子どもがいます。あなたは、何度か「もう寝なさい」と声をかけていますが、子どもはテレビやゲームに夢中で「あと少し」を繰り返し、あなたの声かけを無視しています。

次の瞬間、あなたの心にどんな言葉が思い浮かびますか？

「もういいから、早く寝なさい！」

「寝不足は体にわるいんだから。親の言うことを素直に聞いて」

などと思っていますか。それとも、

「子どもには子どもの生活のペースがある」

「まだ寝たくない気分のときもあるだろう」

「もうしばらくしてから、声をかけてみよう」

と思っていますか。


あなたの声かけに対して好ましくない行動をとった子どもに、「親の言うことを聞くべき」と思うかどうか、考えてみてください。

❷ 子どもの短所や「できていないこと」が気になる

この項目は**子どもの「長所」よりも「短所」のほうが先に目につくか（つかないか）**を問うものです。

たとえば子どものテスト結果が90点だったとします。あなたは「90点とれたこと」に注目しますか？　それとも「失点した10点」が気になりますか？

もしも「100点じゃなかったんだ。どこを間違えたんだろう?」「ケアレスミスさえなくなれば100点とれるのに」などとまっさきに思うのであれば、その頻度に応じて「強くそう思う」あるいは「ややそう思う」を選択してください。

テスト結果を、教科に置き換えてイメージしてみてもいいでしょう。

あなたは子どもの通信簿を見ています。国語や算数、理科、社会には良い評価がつけられていますが、体育だけが最低の評価でした。

「体育がこんなに苦手で大丈夫かな」

「体操や水泳教室に行ったほうがいいのでは?」

と気になりますか。それとも、

「ほとんどの教科で良い成績がとれている!」

と感じ、体育の低評価は気になりませんか。

まっさきに「できていないこと」について、あれこれ考えてしまうかどうかを基準に選んでみてください。

③ 子どものやりたいことよりも家族のスケジュールを優先する

この項目に答えるときは、たとえば次のようなシチュエーションを思い浮かべてください。

あなたの家ではいつも、家族揃って夕食をとっています。あなたは食事の支度《したく》を終え、「ごはん、できたよ」と子どもに声をかけました。

しかし、読書が大好きな子どもは、夢中になって本を読んでいます。

あなたは読書を切り上げさせ、子どもを食卓につかせようとしますか。それとも、子どもが今没頭していることを優先しますか。

この項目は、**「子どもの没頭体験」と、「家庭で決まっている約束事やルーティン、スケジュール」のどちらを優先しているか**を問うものです。

ここでポイントとなるのは、比較対象が「家族間でなんとなく決められた約束事やスケジュール」であるという点。出社時間や友人との約束など対外的なものではありません。

親の考え一つで融通をきかせられるものと、子どもが夢中になっているもの、どちらを優先しているかを考えて回答してください。

❹「子どもと親は違う人間だ」と頭ではわかっていても、「同じ性格・タイプ・価値観」だと思って対応してしまう

「子どもと親は違う人間だ」と頭ではわかっていても、「同じ」だと思って対応してしまう。これは「Mama Café」に参加するお母さんがよく口にする言葉です。

たとえば宿題をいつやるかという問題。

「損か得か」を行動基準に据《す》える親御さんの場合、「帰ってきたらすぐ宿題をやりなさい。それならあとで、好きなだけ遊べるでしょ」「今やっておいたほうが、後がラクよ」などと声をかけます。

もしも、お子さんが親御さんと同じタイプなら、この声かけは有効でしょう。

しかし、行動の基準が損得タイプではなく、好き嫌いを重視するタイプだった場合は、この声かけはまったく響きません。その子にとっては「まず、好きなことをやる」のが一番大切なのです。


当然ながら、親御さんと子どもは性格もタイプも価値観も異なります。そのことを親御さん自身も理解しているのですが、つい自分と同じだと思ってしまう。

自分自身にとって都合がいいように説得したり、行動させたりしてしまうかどうかを問う項目です。

❺ 子育てに限らず、イライラすることが多い

この項目は、言葉のとおりです。日頃の生活を振り返ってみましょう。

以前、「Mama Café」で「どんなことにイライラしますか？」というアンケートをとったところ、結果は1位が「子育て」、2位が「家事」、3位が「夫婦関係」、4位が「仕事」、5位が「その他（その他で圧倒的に多かったのは祖父母との二世帯問題）」でした。

また、子育て中のイライラの原因としては「自分が決めたスケジュールやルーティンどおりに物事が進まない」という声が多く聞かれました。

❻ 日常的に子どもに指示・命令をしている

指示・命令とは、言いつけて行動させること。「〇〇しなさい」「〇〇するのはダメ」と伝えるのが指示・命令に当たるのはイメージしやすいかと思います。

それでは「〇〇してみたら？」「私は〇〇したほうがいいと思う」「そろそろ〇〇する時間じゃない？」「もういいんじゃない？」「〇〇するのはやめたら？」といっ

た表現はどうでしょうか。

これらは厳密にいうと、指示・命令ではありません。指示・命令と比べると口調はやわらかく、サジェスト（示唆・提案）に近いです。

しかし、**これらの言葉をしかめっ面で伝えたり、何度も繰り返して言ったりしている場合には、指示・命令で相手の行動を変えようとしていることと何ら変わりません。**

日常的に、これらの言葉を使って相手を行動させたり、子どもの行動を制限したりしている場合には「強くそう思う／よくそうしている」を選びましょう。

❼同じミスを繰り返す子どもに感情的になってしまう

この項目は、次のようなイメージをしてみましょう。

あなたの子どもは何度教えても、いつも同じところで同じ間違いをしています。

勉強を教えているときにケアレスミスを繰り返したり、口酸《くちす》っぱく伝えても毎日忘れものをしたり。

あるいは「机のギリギリにコップを置くと、落とすよ？」と何度も声をかけているのに、今日も机の端にコップを置き、水をぶちまけました。

子どもが同じミスを繰り返したとき、あなたはどんな反応を示しますか。どの程度イライラしたり、カッとしたりしているでしょうか。

もしも、大きなため息をついたり、「またやったの？」「何度言ったらわかる？」などと子どもを責める言葉をかけたりしているのであれば「強くそう思う／よくそうしている」を選択してください。

❽ 同年代の他の子どもと自分の子どもを比較して一喜一憂する

あなたが、他人の子どもを基準に、自身の子どもを判断しているかどうかを問う項目です。

たとえば幼少期に、寝返りや歩くなどの発達が同じ月齢の子どもと比べて少し遅いだけで過剰に心配したり、運動会や展覧会では、他の子どもと比べて自分の子どもが「うまくできているか」ばかりが気になって、一喜一憂したり。

他の子どもと自分の子どもを比較すること自体はよくあることですが、**どの程度神経質に捉えているか、過剰に反応しているか、自身の言動を振り返ってみてください。**

子どもが過去と比べてどれだけ成長しているかよりも、他人と比較してどれだけできているかが気になっていると感じる場合には、その程度によって「よくそうしている」あるいは「たまにそうしている」を選択しましょう。

⑨ 言われたとおりにやらない子どもにイライラする

当然ながら大人は子どもよりもたくさんのことを経験し、さまざまな知識を持っています。そのため、子どもの言動を見て「もっとこうすればいいのに」と口出ししたくなる人も多いでしょう。

一方、子どもは親から教わるよりも、自分で考えたい、自分の力でできるようになりたいと思っています。

子どもが親からのアドバイスに反抗したり、言ったとおりにやらなかったり、あるいはまだその能力がなくてできなかったりしたとき、あなたはどのように反応していますか。

言われたとおりにやらない（やれない）子どもにイライラし、「言われたとおりにやりなさい」「ほら！　だから言ったでしょ！」などの声かけをしているのであれば、その頻度に応じて「よくそうしている」あるいは「たまにそうしている」を選びましょう。

⑩ 子どもとの対話で、親のほうが子どもよりも多くしゃべっている

子どもと一緒にいるとき、子どものほうが多く話していますか？　それとも、あなたのほうがたくさん話をしていますか？

だいたいの感覚で構いませんので、あなたのほうが多くしゃべっている場合は、その量に応じて「よくそうしている」あるいは「たまにそうしている」を選んでください。

どちらが多く話しているかわからないという場合は、子どもの話に対して、相槌やうなずき、質問、「それで、それで？」など話を促す言葉を、日常的にどのくらい使っているかを振り返ってみましょう。

子どものほうがたくさん話をしている家庭では、親が聞き役にまわり、良いリアクションや質問をしているケースが多いからです。

⑪ 子どもに「早くしなさい」と連呼する

「早くしなさい」「早く、早く」など、子どもを急かす言葉は、多くの親御さんが日常的に使っているフレーズです。

朝、幼稚園や学校に行くとき、遊んでいる場所から帰るとき、宿題や勉強などを促すとき、これらのフレーズを毎日どの程度使っているか考えてみてください。

また、この項目にはあえて「連呼する」という言葉を使っています。**「連呼している」ということは、子どもに改善が見られなくても、このフレーズを繰り返し使っているということ。**

毎日繰り返し、同じような場面で「早くしなさい」と言っていたり、徐々に声《こわ》色《いろ》が怖くなり、最後は叱り口調になったりしてしまっている方は「よくそうしている」を選んでください。

⑫ 子どもの言動の細かいことまで気になる

子どものネガティブな言動を少し聞いたり、見たりするだけで気になってしまい、それを指摘したり、指摘までしなくても、いつまでも頭にひっかかってしまうケースがこれにあてはまります。

例えば次のような場合も含まれます。

- 子どもが外で友達と遊ばず、家でゲームばかりしていて大丈夫だろうかと心配する。
- 子どもがゲームをやっているときに使っている言葉遣いや、未就学児であればマイブームで使っている好ましくない言葉が気になる。
- 子どもが小学校高学年以上になっている段階で、親が子どもの勉強内容の細かいことまで知っている（「うちの子は関数の問題の○○タイプができない」「理科の○○分野の○○というタイプの問題ができない」など、教師のように詳細に子どもの細かい部分まで知っている状態）。
＊ざっくりと算数が苦手、国語はよくできるなどは「細かいことまで気になっている」状態ではありません。

⑬ 子どもに「がんばるのよ」「がんばりが大切」という言葉をよく使う

最後は、「がんばる」というフレーズをよく使っているかどうかを問う項目です。ただし「いってらっしゃい！　がんばって！」などと朝に送り出す際の軽い挨拶としての〝がんばり〟は含まれません。

たとえばピアノの発表会の前に「いよいよ今日は本番。がんばりなさいね」と力強く励ましたり、「毎日一生懸命にがんばるからこそ成績が上がるのよ」とがんばることの大切さを説いたり。**真面目さや真剣さが伴う〝がんばりフレーズ〟が多いかどうかを振り返ってみてください。**

⑭ 子どもに反抗されると、負けずに対抗する

子どもが反抗や口答えをしたときのあなたの反応を問う項目です。冷静に受けとめ、子どもの話に耳を傾けているでしょうか。それとも売り言葉に買い言葉で、子どもよりも大きな声を出したり、負けずに対抗したりしているでしょうか。

また、子どもが自分の考えを述べているときに「言い訳をしないで」「屁理屈《へりくつ》を言わないの」などと話を遮《さえぎ》り、言い分を聞いていない場合も、その頻度に応じて「よくそうしている」あるいは「たまにそうしている」を選んでください。

⑮ 親自身が日々を楽しめていない

子育てに限らず、あなた自身の精神状態を問う項目です。

「楽しんでいる」といっても、毎日ウキウキして仕方がない、ハッピー全開で暮らしているということではありませんので、安心してください（笑）。**同じことが**

繰り返される日常の中で少しでも楽しみを見つけられていればオーケーです。

「自分は日々を楽しめているだろうか？」をチェックするには、毎日どのくらい笑っているかを振り返ってみるのも一案です。

「そういえば最近、笑っていないな」「怒ってばかりだ」と感じる方は、「強くそう思う」や「たまにそう思う」を選びましょう。

笑いは一見、子どものやる気と無関係に思えるかもしれません。

ただ、**日常の中に笑いがあるということは、リラックスしているということ。**

リラックスしていると、細かなところが気にならなかったり、「まぁ、いっか」と思えたりします。

その分、子どもを冷静に見られたり、子育てを長期的な視野で捉えられたりするようになるのです。親が日々を楽しめていることと、子どものやる気を引き出すことは、意外にもつながっています。

やる気を引き出す親度診断結果

①〜⑮のチェックリストに対して、最も自分に当てはまる答えを選び、45ページの表に該当する点数を記載してみましょう。

次に、(a)〜(e)までの合計点を算出してみてください。

(a)〜(e)のうち、どの度合いが高いかをチェックすることで、あなたの子どもへの関わり方の傾向を知ることができます。

つづいて、合計点を見てみましょう。現時点であなたが、子どものやる気を引き出す親なのか、それとも子どものやる気をうばう親なのか、結果はどうだったでしょうか。

次の設問に答えてください。回答は設問横の（　）に、 4…よくそうしている、3…たまにそうしている、2…ほとんどない　1…まったくないのうち、最も当てはまるものを書いてください。書き終わったら、横並びに回答の点数を足し、(a)～(e) の小計を出します。最後に小計を合計し、合計点を記入してください。

									合計
(a)	❶ 子どもは親の言うことを聞くべきだ	（　）	＋	❻ 日常的に子どもに指示・命令をしている	（　）	＋	⓫ 子どもに「早くしなさい」と連呼する	（　）＝	
(b)	❷ 子どもの短所や「できていないこと」が気になる	（　）	＋	❼ 同じミスを繰り返す子どもに感情的になってしまう	（　）	＋	⓬ 子どもの言動の細かいことまで気になる	（　）＝	
(c)	❸ 子どものやりたいことよりも家族のスケジュールを優先する	（　）	＋	❽ 同年代の他の子どもと自分の子どもを比較して一喜一憂する	（　）	＋	⓭ 子どもに「がんばるのよ」「がんばりが大切」という言葉をよく使う	（　）＝	
(d)	❹ 「子どもと親は違う人間だ」と頭ではわかっていても、「同じ性格・タイプ・価値観」だと思って対応してしまう	（　）	＋	❾ 言われたとおりにやらない子どもにイライラする	（　）	＋	⓮ 子どもに反抗されると、負けずに対抗する	（　）＝	
(e)	❺ 子育てに限らず、イライラすることが多い	（　）	＋	❿ 子どもとの対話で、親のほうが子どもよりも多くしゃべっている	（　）	＋	⓯ 親自身が日々を楽しめていない	（　）＝	

合計 (a) ＋ (b) ＋ (c) ＋ (d) ＋ (e) ＝　　　点

(a)~(e)の特徴

45ページの表で集計した(a)~(e)の小計は、それぞれ次のような特徴があることを示しています。点数が高いほど、その度合いが強いと考えられます。

(a)の特徴：**上から目線度合い**
(b)の特徴：**完璧主義度合い**
(c)の特徴：**常識観念度合い**
(d)の特徴：**エネルギーが子どもに向かう度合い**
(e)の特徴：**ストレス度合い**

それぞれの合計点の解説

30点以下

現時点で、**すでに子どものやる気をかなり引き出せています！**

ここから先のページは、ご自身ができていることを確認するためにパラパラと流し読みしていただくだけで構いません。子どものやる気を引き出せないと悩んでいる方に、ぜひこの本を譲ってあげてください！（笑）

31点〜35点

子どものやる気を比較的引き出せる傾向にあります。この調子で、子どもの意欲を引き出すメソッドを学んでいきましょう。

数値が高かった項目について、子どものやる気を引き出す、あるいはなくさせる原理原則を知れば、さらに子育てが好転していきます。

36点〜39点

平均的な対応です。親から子へ、きわめて標準的な接し方をしているといえますから、悲観する必要はありません。

自分自身のどんな心構えや声かけ、対応が子どもの意欲をなくさせているのかを、まず知ることから始めましょう。

40点〜44点

子どもの意欲をなくさせている言動が比較的多いようです。

あなたは、そのことに今気づくことができました。これは大きな一歩です。45ページの表を参考に、(a)〜(e)のどの数値が高いのかを把握し、自身の傾向を心に留めたうえで本書を読み進めてください。

45点以上

子どものやる気をなくさせる心構え、声かけ、対応が目立ちます。

しかし、心配する必要はありません。この結果は、あなたが「子どものやる気を引き出す親の初心者である」ことを示しているに過ぎません。本書はきっと、あなた自身の子育てが変わるきっかけになると確信しています。

*

いかがでしたでしょうか。

たとえ今、合計点が高かったとしても、子どもの意欲を失わせているという判定が出てしまったとしても、心配しないでください。子どものやる気を引き出す達人は、ごく少数です。

ステップ1で自分自身の現状を知り、十分に落ちこむことが、ある意味重要なのです。子どものやる気を引き出すための心構えとスキルをこれから学んでいきましょう。

ステップ2で知識のインプットを、ステップ3で声かけのコツを、ステップ4で仕組みづくりを、ステップ5で習慣化のスキルを学べば、あなたも子どものやる気を引き出す達人になれます。

この「やる気を引き出す親度チェックリスト」は、この本を読んだ3か月後、半年後、1年後などにぜひ繰り返しやってみてください。ご自身の変化に気づくきっかけになるでしょう。

CHAPTER 02

ステップ2

実態を知る

「そもそも、子どものやる気を引き出すことなんてできるの？」

この本を手にした方の中には、そんな疑問をお持ちの方もいると思います。鋭いです。

やる気とは、自ら進んでなにかをやろうとする気持ちのこと。〝自ら進んで〟というところがポイントになります。やる気を出させようと誰かに無理やり促された結果生まれたものは、もはや〝やる気〟とは呼べないのです。

つまり、**子どものやる気を無理やり引き出そうとしてはいけません。**

ここに親側の大きな誤解があると感じています。

では、子どものやる気を引き出すために、親にできることはなにもないのでしょうか。実は、それもまた違います。

やる気を無理やり引き出すことはできませんが、**「親がこうした心持ちや態度で**

いるとなぜか、自然と子どものやる気が出てくる」ということがあるのです。

ちょっとした違いですが、大事なことです。子どものやる気そのものを引き出すことはできないけれども、子どものやる気が出やすい環境や状況をつくることはできる、ともいえます。

第2章では、そうした「子どものやる気を引き出す親の特徴」を分析し、ご紹介します。

さまざまな子どもや親御さんと向き合っていると、「この親御さんは、子どものやる気を引き出すきっかけづくりが上手いなぁ」と感じることがあります。反対に「子どものやる気をなくさせてしまっているな」と感じることもあります。

うまくいっている親御さん、うまくいっていない親御さんの言動から、子どものやる気が引き出される原理を学んでいきましょう。

❶子どもの心の状態を見ている

たとえば、自分の子どもが誰からも、なにもいわれなくてもピアノの練習をしている。毎日、学校から帰るとピアノに駆け寄り、繰り返し一生懸命に練習している。この姿を見たとき、親は「ピアノへのやる気が高まっているんだな」と感じます。

こんなふうに人は「行動」を見て、やる気の有無を判断します。

しかし、**本当のやる気は、目には見えない内面的な心の動きのこと。**「ピアノって楽しい」「もっとうまくなりたい」「練習すればするほど、上達する気がする」という心の動きがあり、その気持ちに後押しされるように、毎日ピアノの練習をする。毎日ピアノを弾くという行動は、心が動いた結果でしかありません。

【心が動く】→【行動する】

この順番が大切です。心が動いていなければ、行動は変わりません。

車にたとえて考えてみましょう。

車はガソリンがなければ動きませんよね。

やる気をガソリンに置き換えると、やる気がない子どもに「やりなさい」「練習しなさい！」と親が言っているのは、ガソリンが入っていない車を無理やり押して、動かそうとしているようなものです。

そうではなくまずはガソリンを入れること、つまり心を満たすことが先決です。

子どものやる気を引き出す親は、子どもの「心の状態」を見ています。

子どものやる気をなくさせる親は、子どもの「行動」を見ています。

これが1つ目の特徴です。

では、**どうやって子どもの「心の状態」を見ればいいのでしょうか。**

最もおすすめなのは、子どもの表情を見ることです。


子どもが今、どんな顔をしているのか。

たとえば目を輝かせて遊びに没頭し、誰が声をかけても聞こえないくらいに夢中になっているのか。「塾」というフレーズを聞いただけで少し体がかたくなり、さっと表情を消してしまうのか。気持ちが上向いているのか、下向いているのか。

子どもの表情を見て、子どもの気持ちを推《お》しはかるのです。


そう難しいことではありません。子どもは正直です。顔を見れば、そこに答えが書かれています。いつも見ていれば、ちょっとした変化にも気づけるようになるはずです。

心の動きがわかれば、
「今は遊びに夢中になっているから、もう少しあとで声をかけよう」
「どうして○○の言葉に過剰に反応するんだろう。なにを嫌がっているのか、別のタイミングで原因を探ってみよう」
などと親自身のアクションを決められます。子どもの心の動きにあわせた働きかけができるため、より良い効果につながるのです。

反対に子どものやる気をなくさせる親は、子どもの顔を見ていません。心の動きを見ずに、行動のみをチェックしています。

「宿題をやっていない」「片づけをしていない」「ゲームばかりしている」などと行動の結果だけに注目しているのです。そして、結果（子どもの行動）だけを変えようとします。これでは、うまくいきません。

子どもの気持ちを変えなければ、行動は変わらないのですから。たとえ叱りつけて一時的に行動させたとしても、自主的に動いてくれるようにはならないのです。

❷現状の子どもから「1ミリ前進」することを考えている

子どもは一人ひとり、性格も能力も、精神年齢も、価値観も違います。

「この子は、どんなタイプなのだろう?」「今どこまでできて、これからどこまでできるようになるだろう?」などと子どもを観察し、その子のレベルにあったところから始めて1ミリ1ミリ前進しながら積み上げていくのが、理想的な成長支援です。

子どものやる気を引き出す親は、現状の子どもから「1ミリ前進」することを考えています。

子どものやる気をうばう親は、親が考える理想の状態に「いきなり近づける」ことを考えています。

例を挙げて、考えてみましょう。

たとえば朝、なかなか自分で起きられない子どもがいたとします。この親御さんにとっては「親から声をかけられなくても、朝7時に自分で起きること」が理想の状態です。

子どものやる気をうばう親は、例外を認めません。自分で7時に起きられないうちは「できていない」と判断し、ダメ出しを繰り返します。

しかし、**子どものやる気を引き出す親は、子どもの変化に注目**します。

「これまで私が、5回声をかけないと起きられなかったのに、今日は4回で起きた」

「いつもは7時30分過ぎまで寝ているのに、私が声をかけたら7時20分には起きられた」

など、1ミリ前進できたことにフォーカスします。

いずれも、「親から声をかけられなくても朝7時に起きる」という結果は達成できていません。それでも、子どものやる気を引き出す親は「少しずつでも良い変化が見られたからオーケー」だと捉えます。

つまり、子どものやる気を引き出す親は、子ども自身の「成長度合い」を見ています。反対に子どものやる気をなくさせる親は、親が描く「理想の姿」を見ています。

人の成長について語られるとき、「早咲き」「遅咲き」という言葉がありますね。成長のペースも、できるようになるまでのスピードも、どういうルートをたどって成長するかも、その子の性格や特性によってずいぶん違います。やり方も、当然ながら一つではありません。

その子のペースで、できるようになるように少しずつ支援する姿勢が大切です。

理想とする姿にいきなり近づけようとすると、やはり無理が生じます。簡単にはできるようになりませんから、親のイライラが増え、叱ったり、命令したりしてしまうのです。理想の枠にはめようと、力技に頼るしかなくなってしまう。そうすれば、子どもはやる気をなくし、ますます親の理想とする姿から離れていってしまうものなのです。

❸ 子育て・教育情報はあくまで情報として受けとり、振りまわされない

実は情報というのはたくさんあればいい、というわけではありません。

厳密にいうと「たくさんの情報を集めても活用できる人」と「情報があればあるほどわからなくなってしまう人」の2種類の人がいます。

情報をたくさん集めても大丈夫なのは、「分類」ができる人。

1冊の本を読んだときに、この本は3つの要素からできていると整理して考えられたり、自分に関係のあるエッセンスだけを抽出して実践できたり。本を読ん

だあとに具体的な感想を言える方は、情報を分類する力を持っている傾向があります。

反対に、情報の分類ができない人は、書かれている内容のすべてを受けとめてしまいます。1冊の本を読んだときにも、すべてが重要だと思えて優先順位をつけられません。

このような方がたくさんの子育て・教育情報にふれてしまうと、まさに情報の洪水に巻き込まれてしまうことになります。「Aという本には『子どもを褒めろ』と書いてあったけれど、Bという本には『子どもを褒めるな』と書かれている。どうしたらいいいの?」と混乱してしまうのです。

情報にふりまわされると、なにを信じていいのかがわからなくなります。なにも学べず、不安だけが募ってしまう。不安が募《つの》ると、子どものマイナス面が見えやすくなってしまい、指示や命令が増えていきます。

また、親の行動に一貫性がありませんから、子どもも振りまわされることになります。

情報に振りまわされがちな親御さんは、収集する情報を絞ることが肝心です。

自分自身が信頼できると思う情報だけを頼りにします。

たとえば子どもの塾を選ぶときにも、さまざまな選択肢を試すというより、ある程度「良い」と思ったら、その塾を信じて最後まで通《かよ》ってみるイメージです。

また、情報を絞る行為には学びを深める効果もあります。

「問題集を5冊買ってきて1回ずつ解く」よりも「同じ問題集を5回解く」ほうが、はるかに理解が深まることがありますよね。

あれもこれもと手を出すよりも、1つのものから繰り返し学び、じっくりと理解を深めていくほうが成長できることは、多くの子どもたちに勉強を教えてきた私自身も実感しています。

④ 子どもの成長を長期的視点で見ている

「このままだと不安です」

このフレーズは、ママさんとの会話でよく聞かれる言葉です。対話でもＳＮＳでも、メディアへの質問でも、これまで何度、この言葉を聞いたでしょうか。

このフレーズが出てきたとき、私は決まって次のように回答してきました。

「〝残念ながら〟、その不安どおりにはなりません」

子育ては短距離走ではなく、長距離走です。その間、子どもは日々成長していきます。

先月できなかったことが、今月にはできるようになる。半年前に悩まされていたことが、いつの間にか解決している。そんなことは日常茶飯事です。

お子さんのことで悩んでいた方に「例の件、どうなりました？」と質問すると、一瞬ポカンとした表情になり、「ああ！　あれは、もう大丈夫になったんです」とおっしゃることがしばしばあります。以前の悩みは解決し、また新たな悩みが生まれていることがほとんどなのです。

子どもも、子どもをとりまく環境も、刻一刻《こくいっこく》と変わります。だから今の状態が、今の悩みが、今後も同じように続くことはまずないと考えています。

それにもかかわらず、「今をなんとかしないといけない」という思いが強すぎると、余計なことを言ったり、やったりしてしまう。親の焦りや不安が引き金となり、事態を悪化させてしまうことが少なくありません。

子どものやる気を引き出す親は、子育てを〝長期的視点〟で捉え、この先もきっと〝なんとかなる〟と思っています。

子どものやる気をなくさせる親は、子育てを〝短期的視点〟で捉え、目先の不安やマイナス要素に囚《とら》われています。

子育てにおいて同じ悩みが長く続かないことを、ぜひ心に留めておきましょう。どうしても不安なときは、〝まぁ、なんとかなる〟と口に出して言ってみてください。少し肩の力が抜けるはず。この感覚がとても大切です。

そうは言っても、不安が拭えないという人のために〝**長期的視点**〟に**スイッチするコツ**をご紹介します。**悩みを「時間軸」と「空間軸」で捉え直してみる方法**です。

まずは「時間軸」で視点を変える方法について。

今あなたは、お子さんが「まったく整理整頓できない」と悩んでいます。そんなとき、あなた自身に問いかけてみてほしいのです。

「私は、子どものときに整理整頓できていた？」と。

もしかしたら「子どものときにはできていなかった」と答える方が多いかもしれません。

そして今度は「今は、やれている？」と質問します。きっとあなたは「まぁ、やらなきゃいけないし、私なりにやっているかな」と答えるのではないでしょうか。

ここからわかるのは、**たいていのことは時間が解決してくれる**ということです。

子どものときには不得意だったり、できなかったりすることでも、必要に迫られれば、人はできるようになる。だからあわてて、今できるようにならなくても大丈夫なのです。

あるいは幼少期に、子どもが食事に集中できず、立ったり座ったりしてしまうことに悩むお母さんは多いです。そんなとき子どもに「座って食べようね」と教えたら、あとはそう深刻になる必要はありません。

なぜなら中学生になっても、高校生になっても、大人になっても食事中に歩きまわっているお子さんはほとんどいないからです。小学生くらいになると、多くのお子さんが座って食べるようになります。

そうやって少し先の未来を思い描いてみる。そして「きっと大丈夫」と一旦信じる。すると、現在の困りごとに対して「まぁ、いいか」「ずっと続くわけじゃない」と思えるようになります。その結果、肩の力が抜け、子育ても好転していくのです。

つづいて**「空間軸」で視点を変える方法**をお伝えします。

子どもは自宅でできていないことも、場所が変わればできるようになることがあります。

たとえば、家ではまったく整理整頓をしない子でも、お友だちのお家に行ったときにはきちんと片づけをしたり、家では食事の時間に歩きまわってしまう子も、学校や幼稚園では座って集中して食べられたりしますよね。

それは、親御さんの声かけや教えがしっかりと伝わっている証拠でもあります。

もしも、学校の先生や祖父母、友だちから**「外の世界ではきちんとやっているよ」と聞いたのであれば、たとえ家でまったくやっていなかったとしても多少目をつぶってしまいましょう。**

家は、憩《いこ》いの場です。しかも、親御さんなど、自分の世話をしてくれる人がいる場所です。家族にちゃんと甘えられている証拠だという見方もできます。

外でやれているということは、いざとなればできるということ。子ども自身にその能力があるということです。「こんなに整理整頓しなくて、この子大丈夫かしら」と心配する必要はありません。

このように、「時間軸」「空間軸」を変えて子どもを見てみると、子育ての不安や悩みが小さくなっていきます。

親自身の不安感やイライラが少なくなると、子どももリラックスし、やる気がわいてくる土壌が育まれていきます。

⑤長所を伸ばすことがやる気を引き出すコツであることを知っている

子どものやる気を引き出す親は、子どもの長所を伸ばそうとします。

反対に、子どものやる気をなくさせる親は、子どもの短所を是正しようとします。

これが、5つ目の特徴です。

なぜ、子どもの長所を伸ばすことが、子どものやる気を引き出すのでしょうか。

答えはシンプルです。得意なことは、あたりまえにできること。人よりも簡単にでき、なによりやっていて楽しいことです。楽しいから、やり続けられる。やり続ければ、どんどんうまくなっていく。すると上達する喜びを感じて、気持ちがどんどん上向いていきます。

反対に、できないことをやらせようとすると、どんどん気持ちは下向いていきます。できないからつまらない。でも親からは「できないんだから、やりなさい」と言われる。

それが習い事でも勉強でも生活習慣でも、できないことを無理にやらせつづければ、それ自体が嫌いになってしまいます。当然ながら、やる気は起きませんよね。

「長所を伸ばしましょう。短所は放っておきましょう」と私が言うと、「短所をなおさなくて本当に大丈夫ですか?」と心配される親御さんが多いです。

しかし、**「もしも短所をなおしたいのであれば、なおさら長所を伸ばしたほうがいい」**というのが私の考えです。

そもそも、長所というのは意識的に見つけようとしなければ、わかりません。あたりまえにできるため、本人も気づいていないことが多いのです。

他人と比較するとすばらしい素養《そよう》でも、本人にとっては「えっ、普通でしょ?」と無自覚なのが長所です。

だからこそ**親が意識的に子どもの長所をひろいあげ、「これはあなたの良いところだよ」と伝えたり、長所を活かしてなにかに没頭しているときに邪魔をせず、気が済むまでやらせたりすることが重要**になります。

親が子どもの長所を伸ばそうとすると、子どもは長所を自覚し、自信を持つようになります。自信を持つと、心にエネルギーが充満します。心にエネルギーが満ちるとゆとりが生まれる。不思議なもので、長所以外のことへのやる気がわいてくるのです。

すると、親が短所をなおそうとしていないのに、子どもが勝手に「このままだとダメだ」「○○ができていない」と短所を受けとめて、克服するための行動を始めたりします。短所是正のために長所を伸ばすというのは、一見遠回りなようで、実は効果を発揮する確率の高い方法なのです。ぜひ、試してみてください。

また、「短所を放っておいたほうがいい」理由は他にもあります。

短所は、長所と違って目立つものです。学校の先生や友人、祖父母などから指摘されたり、他人と比較して、自分で早期に「できていないこと」に気づいたりします。

その短所が原因で人に迷惑をかけたり、被害を与えているのであれば、その事実を伝え、どう改善していくかを話し合う必要がありますが、もしもそうではないのであれば、わざわざ親が伝える必要はありません。

たとえば、学校の通信簿の備考欄に「宿題を忘れずに提出しましょう」と書かれていたとします。通信簿を読んでさえいれば、注意されていることはすでに本人がいちばんわかっているはずです。

そこに追い打ちをかけるように「ちゃんと提出しなきゃダメじゃない」と言う必要はありません。自分自身でもわかっていることを言われると、ますますやりたくなるのが人間です。

短所を改善しよう、マイナスをなくそうとする行為は、ある意味、人の防衛本能でもあります。

「天才にならなくてもいいから、ちゃんと平均的な子に育ってほしい」「悪目立ちしたくない」という親御さんの気持ちもわかります。

しかし、**これからの時代は、むしろ凸凹があったほうがいい。マイナスをなくすことよりも、プラスをいかに伸ばせるかが、子育ての大原則**です。

「出る杭は打たれる」という言葉がありますが、杭は出ているくらいがちょうどいいのです。親がなにもしなくても世間の荒波に揉まれ、徐々に杭は丸みをおび、下がっていきます。

それにもかかわらず、親が先頭に立って、子どもの短所や欠点を指摘し、子どもの自己肯定感を下げつづけていると、あとから杭を引っ張りあげようとしても、なかなか出てきません。そのほうが余程《よほど》問題です。

子どもの長所を伸ばしましょう。とことん調子に乗らせましょう。
そうすれば自然と子どもはやる気に満ち、自ら行動するようになっていきます。

「がんばり屋さん」ではなく「楽しみ屋さん」を育てよう

ステップ2では「子どものやる気を引き出す親」の5つの特徴を紹介しました。
どのような心構えでいれば、子どものやる気を引き出せる可能性が高まるのか、少し想像できたでしょうか。

最後に、とても大事なことを付け加えます。
それは**〝やる気〟に対するイメージを変えてほしい**ということです。

やる気というと、ねじり鉢巻きをして、歯をくいしばってがんばるイメージを持っていませんか。つらくても、負けないで前に進む力、気合・根性・努力で乗り越える力だと捉えている人が少なからずいます。

昭和的マインドセットに代表されるように、たしかに成長するために気合・根性・努力が大事だといわれた時代もありました。

根性や努力で突き進んでいくやり方は、短期決戦であれば有効です。

1週間後の試合に向けて、猛烈なハードトレーニングで自分を追い込む。そして試合が終われば、一切なにもやらなくていいという状況であれば良いでしょう。しかし、そういったケースはごく稀ですよね。なぜなら、人生はつづいていくのですから。

勉強も習い事も、スポーツも、生活も。**人生は短距離走ではなく、長距離走です。**

気合・根性・努力で、一生がんばりつづけられません。仮に、一時的にがんばれたとしても燃え尽き症候群になって、やる気を失ってしまうでしょう。

実際に、中学受験をしたご家庭で「1〜2年、がんばればいいから」と気合・根性・努力といった古いやり方で相当ハードに受験勉強し、念願の第一志望校に入学できたものの、子どもがバーンアウトしてしまい、勉強にも部活にも生活にも、なんの意欲も持てなくなってしまった例をいくつも見聞きしています。

やる気というものは一気に全開にしてはダメなのです。持っているエネルギーをすべて出し、使い果たしてしまっては意味がありません。

やる気を焚火《たきび》にたとえるなら、種火がしっかりとあり、長くあたたかさを保ちながら、じわじわとずっと燃え続けているのが理想の状態です。どんどん薪をくべてキャンプファイヤーさながらに燃やしてはいけません。

炎はほとんど出ていなくていい。見た目にはわからないけれど、中の種火はずっと燃えている。それが人生というマラソンに必要な〝やる気〟です。

それでは、心の内側でじんわりと燃えつづける種火をどうつくればいいのでしょうか。私はよく**「がんばり屋さんではなく、楽しみ屋さんを育てましょう」**という話をしています。

物事を成し遂げている成功者は、気合や根性、努力を重視しているように見えて、実は誰よりもその物事に没頭し、夢中になり、楽しんでいます。

メンタルトレーニングなど科学的な知見をいち早く取り入れているスポーツアスリートの世界では、**「楽しむことが成功のカギ」**だとすでに知られています。みなさんも、一流のアスリートが「試合を楽しみたい」と口にしているのを見たことがあるのではないでしょうか。

たしかに「必死で練習を積んできました」「努力の結果を見せたい」と発言するスポーツ選手が多い時代もありました。

しかしそれは、理解のない世間からのバッシングを避けるのが目的で、実際に金メダルをとるようなアスリートには、スポーツを楽しむ姿勢が根底にあったと、アスリートの方からお話を聞いたことがあります。

私のまわりにいる、勉強で頭一つ抜けている人たちは、たいてい勉強を楽しんでいます。「一日何時間も勉強してすごいね」と褒められても、あまりピンときていません。本人は学ぶことが楽しくて仕方がない。口では「めんどくさい」「大変だ」と言いながらも、内心は好きでやっているのです。

異次元レベルで難しい問題に出会ったりすると、「うわっ、なんだこれ！　めっちゃ難しいじゃん！」と言いながら、目をキラキラ輝かせたりします。まさに、**努力は「夢中」には勝てない**のです。

本当の意味でやる気が出ているときは、いわゆるフロー状態になっています。「ゾーンに入る」という言い方をしたりもしますね。淡々と、物事に集中している状態です。冷静で、落ち着いています。

だからパフォーマンスが上がり、結果も出やすくなるのです。

厄介なのは、子どもが集中して淡々となにかをやりつづけているときというのは、他人から見ると、やる気があるようには見えないということです。

本当に楽しいときは「楽しい〜！」とあまり言葉にしないように、本当にやる気があるときは「がんばるぞ！」「さぁ、やるぞ！」などとは言いません。言葉やねじり鉢巻きは、意欲を見せるためのパフォーマンス。本物のやる気は、静かに没頭している状態です。

もしも親側が、燃えたぎる炎のようなやる気をイメージしていて、なによりも気合・根性・努力が大切だと思っていた場合、子どもに対して誤ったアプローチをしてしまいます。

「もっとがんばりなさい」「できていないのは、努力が足りないからよ」などと声をかけてしまったり、相手の心の動きを見ずに、何時間も勉強や習い事をすることを強制してしまったり。それでは、やる気は持続しません。


しかし、やる気の源が「楽しむこと」にあると知れば、いかに子どもが楽しめるかを考え始めるはずです。

ここに、子どものやる気を引き出すための大きなヒントがあります。

あなたの中での「やる気」のイメージをぜひ捉えなおしてみましょう。

重要なキーワードは次のとおりです。

× 旧来の〝やる気〟のキーワード↓気合・根性・努力
○ 新しい〝やる気〟のキーワード↓楽しい・わくわく・ドキドキ

気合や根性でなんとかなることは、勉強も仕事も単純ではなくなっていることは、多くの親御さんが気づいていると思います。世界は劇的に変化し、もはや単純な努力や気合だけでは通用しにくくなっているのが現実です。

こうした時代を生き抜くためには、個々人の「楽しい・わくわく・ドキドキ」の中から、本人の特性や才能を見つけて伸ばしていくことが、ますます重要になっていきます。

また、子どもの才能を見つけるのにもコツがあります。ステップ3に進む前に、**子どもの才能の見つけ方のヒント**をお伝えしておきますね。

実は、子どもが表面的に「好き・得意だと言っていること＝才能」だと勘違いしているケースが多々あります。

しかし、**才能というのは表面的に目に見える部分にはありません。その裏側、**

子どもがのめり込むものの「裏」にあるのです。

たとえば、野球が好きで、夢中になって練習している子がいたとします。その様子を親が見たとき「将来はプロ野球選手に！」と考えるかもしれません。

しかし、安直にそう決めつける前に「なぜ、この子は野球が好きなのか？」「野球のどこに惹《ひ》かれているのか？」という視点で考えてみることが大切です。

たとえば、野球そのものが好きというよりも、友達と一緒にプレーすること、チームワークを発揮して同じ目標に向かっていくことが好きな可能性もあります。

その場合は、勉強も習い事も、グループで学ぶようにすると、より能力が発揮されます。

勝ち負けが好きで野球にハマっている場合は、白黒はっきりする勝負系に強いという才能が隠れています。勉強にも目標数値を設定し、目標を超えたら勝ち、超えなかったら負けというようなアプローチをするとハマっていくでしょう。

憧れの野球選手の影響でのめり込んでいる場合もあります。そのときは、その選手のどこに憧れているのかを知る必要があります。

その選手の発言や言葉に感銘を受けている場合は、哲学的な才能を感じます。志高く取り組めることや意義のあることに没頭できるセンスがありますから、勉強や習い事の〝意味〟や〝意義〟を話すと心に響きやすいでしょう。

子どもが興味関心を持ち、夢中になっているものの「裏」にはなにが隠されているのか。それらを見極めることが、子どもの才能の発掘につながります。

そのためにもまずは、じっくりと観察すること。そして、子どもに質問すること。一緒に考えてみることです。親子で、その子の興味関心の源を知ろうとすることで、見えてくるものがあるはずです。

CHAPTER
03

ステップ3

言葉を変える

ステップ3からは、いよいよ実践編です。子どものやる気を引き出すために、親の日常の声かけを変えていきます。

親の声かけだけで、子どもの言動は変わらない。そういう見方もあるでしょう。たしかに、スイッチボタンを押すように、声かけだけで子どもの意欲を切り替えられるわけではありません。

しかし、この声かけの効果は、案外侮れないのです。

あなたも経験があるのではないでしょうか。上司や友人、パートナーからの何気ないひと言で、一気に意欲が失われたり、逆にあまり気乗りしなかったことに「やってみるか！」という気分になったりしたことが。

しかも親と子どもは、毎日顔をあわせます。「塵《ちり》も積もれば山となる」という言葉がありますが、**親がなげかけた言葉は、子どもの心にゆっくりと蓄積されてい**

きます。

私は、**子どものやる気を引き出す言葉を「魔法の言葉」**、**子どもの意欲をなくさせる言葉を「呪いの言葉」**と呼んでいます。毎日毎日、呪いの言葉をかけつづければ、じわじわとやる気が削られていき、自己肯定感まで低くなってしまう、ということもあるのです。

「どうせ私なんか」「やっぱりできない」「無理」。
「うざい」「きらい」「むかつく」。

このような自己を否定する言葉や、他人を拒絶する言葉を子どもが毎日多用するようになったのであれば、少し注意が必要かもしれません。それは、**子どもの自己肯定感が下がっているサイン**かもしれないからです。
「否定されたくない」「失敗したくない」「ダメな自分を見せたくない」「傷つきた

くない」という子どものSOSであるように、私には感じられます。

毎日、自分が発している言葉に耳を澄ましてみましょう。

もしも、子どものやる気をなくさせる言葉を使っていたら、子どものやる気を引き出す言葉に変えていきましょう。

言葉を変えずに、「子どものやる気をなくさせる言葉をやめる」だけでも、少なからず影響があるはずです。

子どものやる気をなくさせる12の言葉

具体的な言葉を見ていく前に、心に留めておいてほしいことがあります。

それは、**子どもは声をかけられたとき、「言葉の意味よりも、言葉に乗った〝感情〟を受けとっている」**ということです。

つまり、**どんな言葉を選ぶかと同様に、どんな話し方をしているのかが大切に**なります。

ポジティブな言葉も怒った口調でいえば、子どもには怒りのメッセージとして残ります。ネガティブな言葉を使ったとしても、親がそれほど重く考えておらず、ふわっと軽く伝えれば、否定的な要素は弱まります。

親の気持ちは恐ろしいほどストレートに子どもに伝わっていると思ってください。

なお、これから紹介する「子どものやる気をなくさせる言葉」は、絶対に使用してはいけないというわけではありません。1、2回、ぽろっと口にしてしまったことを気に病む必要はありませんから、安心してください。

問題となるのは継続的に、高い頻度で使われた場合です。ご自身の口癖になっていないか、確かめてみてください。

❶「まだできないの?」

日常の何気ない言葉には、隠された「裏メッセージ」があります。

「まだできないの?」という言葉の裏には、「遅い!」「ぐずぐずしないでよ」「なんで、そんなにとろいの?」といったメッセージが潜んでいます。

子どもは、この裏メッセージに敏感です。

「まだできないの?」と毎日声をかけられるのは「あんたはのろまだね」と毎日言われているのと同義なのです。

「のろまだね」なんて、そんなキツイ言葉を私は使っていないと思う方も多いでしょう。

しかし、子どもに裏メッセージが届いていることを知っていれば、この言葉が子どものやる気をそいでしまうことも頷けるのではないでしょうか。

❷「早くしなさい」

「早くしなさい」は、日本全国あらゆる家庭で、高い頻度で使われているワードの一つ。

私は、100%マイナス効果の呪いの言葉だとよく言っています。

「早く起きなさい」「早くごはんを食べなさい」「早くお風呂に入りなさい」「早く寝なさい」。人によっては、生活リズムを整えるために、四六時中「早く」「早く」と子どもを急《せ》かしているケースもあるでしょう。

しかし、この**「早くしなさい」という言葉は、むしろ逆効果です。子どもの意欲が引き出されたり、自ら考えて早く行動できるようになったりすることはありません。**

それどころか親御さんの「早くしなさい」が、子どものアラーム代わりになってしまう可能性もあります。
お母さんに「早く起きなさい」と言われたら起きる、「遅刻するよ」と怒鳴られたら家を出るという具合です。「早くしなさい」という声かけがないと、次のアクションに取りかかれなくなってしまう危険性があるのです。

そもそも、子どもと大人は時間の感覚が違います。**ジャネーの法則では「年齢比の逆比」**と言われていて、たとえば**10歳の子と40歳の親では年齢比は1：4となり、時間の長さの感覚は4：1**になります。
ですから、親が「たった10分なんだからやってしまいなさい」と発言する10分は、その子にとっては40分の感覚ということです。前提となる時間の感覚が違うため、「早く」と急かしたところで、子どもにはうまく伝わっていません。

また、一部の例外を除き、**一定年齢までの子どもには「未来」という概念があ**

りません。

子どもの多くは、目の前の現実を見ています。未来の概念がない子どもに、先を予測して行動や準備をさせることは、とても難易度の高いことなのです。

ある一定の年齢になるまでは、親がフォローするか、子どもが早く行動できるような仕組みをつくる必要があります（「仕組み化」については、第4章でお伝えします）。

先ほど紹介した「まだできないの？」も、「早くしなさい」も、親が子どもを待っているときに発される言葉です。

子育ての世界では「子どもを待つことが大事」だとしばしば言われます。

たしかにそうなのですが、私は「子どもを待っているから、時間を長く感じてしまうのでは？」と親御さんにお伝えしています。

たとえば赤信号が青に変わるのをじっと待っていると、ものすごく長く感じませんか？　同じ時間でもスマホをチェックしながらだと、どうでしょうか。信号が赤から青に変わるのをただ待っていたときと比較して、短く感じるはずです。

「まだできないの？」「早くしなさい」と言いたくなったとき、子どもを待つのをやめてみましょう。家事をしたり、ちょっとした用事を済ませたり、自分のやりたいことに時間を費やすのです。

「そうは言っても、子どもに早くしてもらわないと困る」という人は、声かけではなく仕組みで解決します。まずは親御さんのイライラを減らすために**「子どもを待つ時間＝子どもの世話以外のことをする自分時間」**と捉えてみてください。

❸「何度も言わせないで」「さっき言ったでしょ」

「何度も言わせないで」「何回言ったらわかるの！」「さっき言ったでしょ」の言葉が意味するのは、「何回も言わないとわからないあなたはまったくダメね！」ということ。「こんな簡単なこともわからないの？」という非難や否定が見え隠れする言葉です。

「あなたはダメな人間」「あなたは能力が低い」など、あからさまに子どもを否定する言葉を使う親御さんは少ないのですが、「何度も言わせないで」「ママ（パパ）、さっきも言ったよね？」「話、ちゃんと聞いてる？」といった言葉も、じわじわと子どもの自己肯定感を下げ、やる気をうばいます。なぜなら本質的には、子どもの能力や意欲を否定する言葉だからです。

また、別の角度から見てみると、何回も言わないとわからないということは教え方が適切ではないか、まだ十分に理解できる年齢になっていないことを示しています。つまり、行動を変えるべきなのは、声かけをしている大人側なのです。**「何度も言わせないで」と言いたくなるときは、大人が子どもに合わせて教え方を工夫すべきタイミングだと捉えましょう。**

ただし、この「教える」という行為も注意が必要です。親は教えているつもりでも、子どもには怒っているようにしか見えないケースが多々あります。

「だからこういうときは○○するの！」と語気を強めたり、「ちゃんと最後まで話を聞いて」と顔をしかめたりすると、子どもには親の感情だけが伝わり、怒られたという印象しか残りません。

親の感情が強すぎると、子どもは言葉を聞けないことを心に留めておきましょう。

❹「がんばりなさい」「努力が大切だよ」

「もっとがんばりなさい」「努力が大切だよ」といった子どもを叱咤激励《しったげきれい》する言葉に、子どものやる気を引き出す力はほぼありません。子どもが「まぁ、そうだな」と思ってくれればまだ良いのですが、**命令や正論は子どもの反発を招きやすい**のです。

「作用反作用の法則」は、親と子の間にもあります。

親が作用をすればするほど、作用と同様の大きさで反発心が働くのです。子どもに対して理想を強く描けば描くほど、親が描く理想から子どもは大きく離れようとします。

ですから、命令言葉は子育てにおいて悪手なのです。

そして「がんばりなさい」「努力が大切」という言葉を使わないほうがいい最大の理由は、その具体性のなさにあります。

「ピアノの発表会、がんばりなさいね」「テストで100点をとるためには努力が大切よ」と言われても、その子は今日から何をすればいいのでしょうか。具体的な行動がよくわかりませんよね。そもそもピアノの練習法や勉強の仕方がわかっていなかった場合、がんばりようがありません。

「がんばりなさい」は実は、言われた人をとても困らせる言葉でもあります。

ちなみに、「がんばってね」という言葉は、社交辞令や挨拶の一種としても使われます。

朝、登校する子どもに「がんばってね～！」と声をかけるのは命令でも正論でもなく、ただの挨拶です。このような使い方は何も問題はありません。気にせずに使っていただいて大丈夫です。

⑤ 「みんなやっているんだから」「お姉ちゃん（お兄ちゃん）はちゃんとやっていたよ！」

子どものやる気をなくさせる言葉は、大きく分けると「指示・命令・脅迫・説得」の4つ。「みんなもやっているんだから（あなたもやりなさい）」は、子どもを説得しようとするときによく出てくるフレーズです。

しかし「みんなもやっている」という理屈で、子どもが心から納得することは少ないでしょう。

自分自身に置き換えて考えてみてください。

たとえば夫から妻へ「友だちの奥さんはもっとちゃんと家事をやっているんだから、キミもやってくれよ」と言われたとしたら？　妻から夫へ「まわりのパパたちはみんな育児をしているよ」と言われたとしたら？　はたして家事や子育てへのやる気がどんどんわいてくるでしょうか。

ほとんどの方は、理不尽な言葉をなげかけてきた相手に怒りを感じるはずです。

また「お姉ちゃん（お兄ちゃん）は、ちゃんとやっていたよ！」などきょうだいとの比較もタブーです。誰かと比較をすると、本人の劣っているところが目につきます。比較からダメ出しが始まってしまうのです。

他人と比較するよりも、以前のその子と比較したほうがいい。子どものうちはまわりと比べず、自分らしさを大切にどんどん長所をのばしていくほうがいい。

そのほうが大きく成長できます。

❻「センスないね」

「センスないね」は、大人が不用意に使ってしまうことがある強烈なネガティブワードです。

かく言う私も、親戚のおじさんに「勝紀は音楽のセンスがないね」と言われた経験があります。それがきっかけになり、7歳から歌を歌えなくなりました。自分は音痴だと思いこんでいたんです。

大人になり、ちょっとしたきっかけから「自分は音痴ではないのかもしれない」と気づき、また歌を歌えるようになりました。そして今年は、著名な歌手のコーラスに参加する貴重な体験もすることができました。ずっと音痴だと思っていた私が、満席のＮＨＫホールで歌うなんて、誰が想像できたでしょうか。

結局、「音楽のセンスがない」という呪縛《じゅばく》を解くのに40年以上かかってしまいました。

子どものころに言われた些細なひと言がトラウマになってしまうことはよくあります。

仮に、**「〇〇のセンスがない」「〇〇が苦手だ」と思ったとしても、それを伝える必要はありません。** 子どもは成長していくもの。本来であれば、現時点でセンスの有無を判断できないはずです。

「センスがない」と思いこむことで、本来発揮されたかもしれない才能の芽がつぶされてしまいます。

また、うっかり「〇〇のセンスがないね」と言ってしまったときには、その場で打ち消すようにしましょう。「ごめん、今間違ったことを言っちゃったね。そんなことないよ」などと訂正します。

祖父母や親戚、友人などが「○○の才能がない」「まったくダメだ」といった言葉を、わが子になげかけたときも同様です。

「すごく楽しんでやっているんだよ」

「才能がないように見えるかもしれないけど、実はそんなことないの」などとその場で打ち消してしまうのです。

言いにくい相手の場合は、子どもと二人きりになったときに「気にしなくていいよ。そんなことはまったくないよ」と伝えてあげてください。

本人は気落ちしていないように見えて、案外心に残っていたりします。苦手意識が根付かないようにフォローしましょう。

❼「そんなことやっても意味がないよ」

この言葉はロジカルに物事を捉えるタイプの親御さんが好んで使う傾向があります。

無駄が嫌いで、効率的に動くことを良しとする親は、「ゲームばっかりやっていても、将来何の役にも立たない」「文系を受験するのに、数学を勉強しても意味ないじゃん」などと声をかけてしまうのです。

親が「そんなことをやっても意味がない」と口にするということは、おそらく子どもは〝そんなこと〟に一生懸命に取り組んでいるのでしょう。

仮に、本当に意味がないことであったとしても、モチベーション高く取り組んでいることを途中で切り上げさせてしまうのは、良い対応とはいえません。

むしろ好きなだけ、気が済むまでやらせてあげましょう。意味の有無にかかわらず、子どもがやりたいと思うことに好きなだけ取り組めば、どんどん意欲がわいてきます。それが、少し苦手なことや親がやってほしいと思っていることにも転化し、好循環が生まれていきます。

今取り組んでいることが「意味のあることなのかどうか」を決めるのは自分自身です。他人が判断することではありませんよね。無駄を嫌い、コストパフォーマンスを求めつづけることが、幸せな人生かどうかもわかりません。

今は無意味に見えることも、10年後20年後に「経験しておいて良かった」としみじみ思うかもしれません。大人の判断で決めつけないことが肝心です。

❽ **（嫌味っぽく）「いつになったらやるのかな〜」**
（皮肉っぽく）「ゲーム、楽しそうね〜」

たとえばゲームに夢中になっている子どもに「宿題、いつになったらやるのかな〜」とつぶやいてみたり、含みを持たせながら「ず〜っとゲームをやっているわね。楽しそうね〜」と言ってみたり。

いくら柔らかい表現を使ったところで、嫌味や皮肉は、子どものやる気をうばいます。

なぜなら、この言葉の裏側にあるのは「早くゲームをやめて、宿題をやりなさい！」という命令だから。嫌味や皮肉で相手をコントロールしようとしている心が透けて見えるからです。

ここでも自分に置き換えて考えてみましょう。

自分が夢中になってなにかに取り組んでいるときに、「あれ？　晩ごはんはいつになったらできるのかな～？」と言われたり、「ずいぶん楽しそうだこと！（やるべきこともやらないで）」と言われたりしたら、どうでしょう？　ふつふつと怒りがわいてくるのではないでしょうか。

「余計なお世話！」と反発心を抱く人が大半だと思います。子どもも、大人と一緒なのです。

一方で、子どもが親にとって好ましい行動をしたときにも嫌味や皮肉を言ってしまう人がいます。

たとえば、自ら進んで宿題をやっているときに、「今日は勉強、がんばっているんだね～。いつもこんなふうにやってくれたらいいんだけど～」などと声をかけていませんか。

これも、余計なひと言ですよね。せっかく芽生えていたやる気を萎《しお》れさせてしまいます。

❾「自分でやってごらん」

自ら動ける子どもになってほしいという思いから、「自分でやってごらん」と声をかけるケースがあります。

この言葉は子どもの自主性を育むように見えて、実はほとんど効果がありません。

自分でやることに対して何の課題や障害も感じていない子どもは、「自分でやってごらん」と声をかけられなくても、自分でやるでしょう。

一方、**この言葉をかけなければ動けないということは、子ども側に「やりたくない」「やり方がわからない」「やるのが怖い／恥ずかしい」といった行動できない理由があるはず**です。

なかなか行動できずに困っている中で、行動を促す言葉をなげかけられても、やる気は引き出されません。

内向的な子の場合、親に突き放された感覚さえ覚えて、余計に恐怖を感じてしまうでしょう。

親が子どもにやってほしいことを、子どもがやりたがらなかったとき、「なぜ、やりたがらないんだろう？」と考えてみてください。子どもの表情を見てどんな気持ちでいるのかを察したり、理由を聞いてみたりして、話し合ってください。

その結果、行動を制限している課題がわかれば、その問題を取り除くサポートをします。

また、「一緒にやろう」は、子どもに勇気を与えるフレーズです。

「自分でやってごらん」というフレーズを「一緒にやってみようか」に変えると、子どもに挑戦しようという気持ちが芽生えることがあります。

最初は一緒にやってみて、適切なタイミングですっと親が抜ければ、最終的には一人でできるようになるかもしれません。「一緒にやろう」と誘っても行動できない場合は、無理強いをしないことです。

子ども側の**「やってみたい」「自分にもできそう」という気持ちが育つまで待ちましょう。**

⑩「そんなにやりたいんだったら、やれば！」

ゲームや遊びなどをやり続けているとき、親がやってほしくないことに夢中になっているとき、「そんなにやりたいんだったら、やれば！」「もう！　一生、◯

○をやってなさいよ！」といった捨て台詞を吐いていませんか。

近年、幼少期からスマホを持つ子どもが増え、オンラインゲームや動画配信などが進化し、子どもをとりまくIT環境が劇的に変化しています。ゲームや動画は、〝ハマる〟ようにつくられていますから、子どもたちが際限《さいげん》なくやりつづけてしまうのは、ある意味不可抗力ともいえます。

やってほしくないことをやめさせる、あるいは制限時間などの約束を守ってもらうためには、仕組みや段取りが必要です。中毒性の高いものは残念ながら、声かけだけで変えられないと心得ておきましょう。

「そんなにやりたいんだったら、やれば！」のひと言が逆効果なのは、このメッセージに「私がこんなに言っているのに、あなたはやめないのね！」という非難や、「やめないと大変なことになるよ」という脅迫が隠されているから。

この言葉でしぶしぶ子どもがゲームなどをやめたとしても、あくまで一時的です。

最も大切な親子の信頼関係が傷つけられるデメリットのほうが大きいでしょう。

⑪「いい加減にして！」

子どもが毎日きょうだい喧嘩をして騒がしいときや、親が「やめて」と伝えたことを繰り返し行っているとき、「いい加減にして！」と叫んだことがあるという人も多いでしょう。

「いい加減にして！」はスパッとひと言で、子どもの行為を止める効果はありますが、この言葉自体には何の意味もないため、また同じことが繰り返されます。

「いい加減にして！」と叫ぶときは、たいてい親は怒りが頂点に達していますから、「また叱られた」という感覚しか子どもには残りません。なぜ自分が怒られたのか、どのようにすれば良かったのかにまで考えが及ばないのです。

「いい加減にして！」は、親にとっても子どもにとっても思考を停止させるフレーズの代表格です。

⑫「やるべきことをやってから、ね」

「やるべきことをやってから、ね」は、Mama Caféでも「使ったことがある！」と答えるお母さんがとても多いフレーズです。

その多くは子どもが遊びたがったときに「勉強や宿題を終わらせてから遊びなさい」という趣旨で使われます。この言葉は、子どもが素直に従っていたり、遊びよりも宿題を先に終わらせることがすでに習慣化していたりするのであれば、問題ありません。

しかし毎回、親が「やるべきことをやってから、ね」と言っているようなケースでは、子どもはたいてい嫌々ながら「やるべきこと」に取り組みます。その結果、**「宿題や勉強＝嫌々ながらやること」という認識が定着してしまいます。**

また、**やるべきことをやるパフォーマンスも著しく落ちてしまう**でしょう。結果として、10分で終わる宿題にダラダラと取り組み、1時間もかかったという話も聞いたことがあります。そのようなやり方では、ますます宿題や勉強が嫌いになり、バッドスパイラルに陥っていきます。

試しに**「やるべきことをやってから」ではなく、「やりたいことを先にやってごらん？」と言ってみてください。**子どもはかなり驚くはずです。

そこで、すかさず**「やらなければいけないことは後でやればいいよ。その時間は大丈夫だよね」と伝えておきます。**おそらくほとんどのお子さんは、やりたいことをやってスッキリしたら、自らやるべきことをやるようになるはずです。

「そんなことをしたら、やりたいことばかりで、やらなければならないことをやらなくなってしまいます」と不安になる親御さんもいるでしょう。

たしかに、そうなってしまうケースもありますが、それは声かけではなく、仕組みで解決しましょう（第4章の「❾選択の自由を与える」、第5章の「❺同じ時間と場所で行う」などを参考にしてみてください）。

ここまで子どものやる気をなくさせる12の言葉を紹介しました。このような言葉を、子どもにかけたことがあるという方も多かったのではないでしょうか。

繰り返しになりますが、この言葉を絶対に使ってはいけないというわけではありません。毎日のように頻繁に使っているのであれば、その量を減らしてみる。言ってしまったあとで、「ごめん！　言い方を間違えた。お母さん、怒ってないよ」などと訂正する。日常の言葉を少しずつ変えていきましょう。

NGワードに共通しているのは、「子どもの視点で考えずに、親の視点だけで物事を見ている」という点です。

親は立場的にどうしても、子どもを動かしたいと思ってしまいます。しかし子どもが意欲的に行動するようになるためには、子どもの心を動かさなければなりません。

つまり、子ども側の視点に立った言葉が必要なのです。

ここからは、子どもの心を動かし、やる気を引き出す12の言葉を紹介していきます。

子どものやる気を引き出す12の言葉

子どものやる気を引き出す言葉とは、どのようなものでしょうか。

私は、**子どものやる気を引き出す言葉は、その言葉を聞き終わった後にやりたくなってしまう、つまり「行動したくなる言葉」**だと捉えています。

24時間365日、子どもに付き添っているわけにはいきません。だから、**子どもも自身が自発的に行動したくなる声かけが大切**なのです。

私は、学習塾で子どもを指導するとき、宿題を出さないことをマイルールにしています。授業中に復習の時間をとり、授業内で基礎をマスターできるように指導しているのです。

その上で「みんな基礎はマスターできているし、別にやらなくてもいいんだけど、もっとレベルアップしたい人には、こういうプリントがあって……」と授業の最後に1枚の紙をさらっと見せます。「あ、本当にやらなくても大丈夫だよ」と念押ししながら。

すると、子どもたちはどのような反応を示すと思いますか？
目をキラキラさせて、「やります！」「やりたいです！」と言うんです。

それでも僕が「いやいや、けっこう難しいよ？ わからないところもあるかもしれない。ただ、宿題をやるだけじゃ意味がないからなぁ」などと渡すのを渋っていると、「わからない問題があったら、質問します！」と食い下がってくるんです。
ものすごくやる気があるでしょう？

他の先生は、同じプリントを「来週までの宿題ね」と言って渡します。すると、宿題をやる子とやってこない子が出てくる。そして、やらない子は、親からも先生からも怒られます。宿題が嫌いになるバッドスパイラルの完成です。

この違いに、人が行動したくなるヒントがあります。

人は、〝強制〟されると、やりたくなくなります。〝義務〟が、やる気を失わせるのです。

一方で、**自分にはやる〝権利〟があると思えると、人はやりたくなります。**基礎をマスターした自分には、レベルアップできる特別な権利があると思えば、「やってみたい！」「レベルアップしたい！」というやる気があふれてくるのです。

やる気を引き出す言葉の裏側にあるのは、「私にもできそう」「やってみたら楽しそう」「もっと格好いい、素敵な自分になれるかも」という希望や期待、わくわく感です。このようなプラスの感情を喚起する言葉を、意識して使っていけばいいのです。

子どもの特性やシチュエーションによって、やる気を引き出す言葉はさまざまです。ここでは、あくまでその一例として、日常的に使いやすい12のフレーズを取り上げます。

❶ **「いい感じだね〜」**
❷ **「センスあるね〜」**
❸ **「すごいね〜」**

「いい感じだね〜」「センスあるね〜」「すごいね〜」は、日常でさらっと使える子どものやる気を引き出す言葉です。短いワードなので覚える必要がなく、カンタンですよね。

たとえば、子どもが折り紙をしていて上手だなと思ったら、「いいね〜、センスあるね〜」と伝えてみてください。ポイントは軽く、さらっと伝えること。明るく、さりげなく、短いひと言で終わらせます。

「いいね！」「センスあるね！」「すごいね！」と伝えてみてくださいと私が言うと、「褒めるのが苦手なんです」「ほかのお母さんみたいに上手にリアクションをとれません」とおっしゃる方がいます。

しかし、それでいいんです。**決して褒める必要はありません。**

人は意図的に相手を褒めようとすると、声に力が入り、わざとらしくなります。その嘘っぽさを子どもは見抜きます。親の言動に作為的なものを感じて、反発さえしてしまいます。あるいは驚いて、せっかく夢中になっていた手を止めてしまうかもしれません。

「褒める」ことが逆の効果を生んでしまうことは少なくないのです。

子どものやる気を引き出すのは「褒め」ではなく「承認」です。

相手に聞こえるか、聞こえないかくらいの温度感で、「へぇ、すごいのね～」「いい感じだね～」とつぶやく。すると、ふわり、ゆるりと子どもの心に入っていきます。それが自信になったり、子どもの自己肯定感を高めたりするのです。

承認の大切さは、心理学者のアブラハム・マズローが理論化した「マズローの欲求5段階説」からも読み解くことができます。

マズローは、人間には5段階の「欲求」があるとし、1つ下の欲求が満たされると次の欲求を満たそうとする心理的行動を説きました。

第1段階は「生理的欲求」(「食欲」「排泄欲」「睡眠欲」など、生きていくために必要な本能的な欲求)。

第2段階は「安全欲求」(安心・安全な暮らしへの欲求)。

第3段階は「社会的欲求」(「愛情と所属の欲求」「帰属の欲求」とも呼ばれ、友人や家庭、所属する組織から受け入れられたい欲求)。

第4段階は「承認欲求」(他者から認められたい、尊敬されたいと願う欲求)。

第5段階は「自己実現欲求」(自分が満足できる自分になりたい、あるべき自分になりたいと願う欲求)。

やる気がある状態というのは、こういう自分になりたいという思いがあるということ。つまり第5段階の自己実現欲求がある状態といえます。

第1段階から第4段階までの全ての欲求が満たされた後に至るのが自己実現欲求です。生理的欲求が満たされ、安心安全が確保され、家族や仲間から受け入れられ、人から認められてはじめて意欲があふれてくる。

承認された子どもが意欲的になる理由がおわかりいただけるのではないでしょうか。「いい感じだね～」「センスあるね～」「すごいね～」などの声かけでコツコツと、子どもの承認されたい欲求を満たしていきましょう。

❹「ありがとう」
❺「うれしい」
❻「助かった」

「ありがとう」「うれしい」「助かった」は感謝の気持ちを伝える3大マジックワー

ド。「えらい！」「すごい！」「天才！」と褒めなくても、「ありがとう」「うれしい」「助かった」と感謝や喜びの感情を伝えることで、子どもの心は満たされます。

「ありがとう」を伝える場面は、そう大袈裟なものでなくて構いません。

「食べ終わった食器をキッチンに持っていってくれたのね、ありがとう」

「ありがとう、手伝ってくれて」

日常のささいな場面で、たくさん使えるのが「ありがとう」の良いところです。

頼んだことをやってくれたとき、子どもが自主的にまわりのためになることをしたとき、喜びの度合いが大きいほど「ありがとう」と一緒に、「うれしい」「助かった」の言葉を使ってみてください。

「お風呂掃除してくれたんだね、ありがとう。助かったよ」

「自分で考えてやったの？　ありがとう。お母さん、とってもうれしい」

この3つを組み合わせて使っていくことで、感謝や喜びの気持ちがさらに強く伝わります。

人は、「誰かの役に立ちたい」「まわりに貢献したい」という気持ちを少なからず持っています。

「ありがとう」「うれしい」「助かった」と言われると、自分が相手の役に立ち、必要とされている人間だとわかって、うれしくなります。そして再び「ありがとう」と言われる喜びを味わいたくて、自ら行動したくなるのです。

また、**「ありがとう」の言葉には、聞いている人の心を上向きにする効果がある**といわれています。

あなたが子どもに「ありがとう」と言ったとき、その声は、あなた自身の耳にも届いていますよね。「ありがとう」と口にすればするほど、自分自身の気分もよくなり、心が満たされていくのです。

❼「着実に前進しているね」

勉強でもスポーツでも習い事でも、コツコツと続けていることに対して「着実に前進しているね」「ちゃんと力がついているよ」と時折、声をかけてみましょう。

なぜなら日々取り組んでいても、自分自身で成長実感を得られる機会は少ないからです。

たとえば毎日の宿題で、漢字プリントに取り組んでいる子どもがいたとします。その子は、毎日新しい漢字を覚えます。確実に、漢字の力がついている。一歩ずつ、着実に前へ進んでいます。

ところが、子ども自身は毎日漢字プリントをやっていても、漢字の読み書きの力が上がっていることに気づきません。それどころか、たまたま漢字テストの点数が悪かったりすると、「学力がついていない」「学力が下がった」と勘違いしてしまいます。

テストの点数は、たとえば「とめ」「はね」がちゃんとできずに減点されたり、以前覚えた漢字を忘れてしまっていたりしただけのこと。毎日の練習で、着実に力がついていることには変わりないのです。

テストで100点をとったから前進しているわけではありません。継続して取り組んでいるから前進しているのです。結果ではなく行動を見て、成長している事実を本人に気づかせることが肝心です。

毎日やっていても、なにも変化がなければ、意欲はしぼんでいきます。小さな炎に薪をくべるように、言葉をかけましょう。

また、**私は子どもが失敗をしたり、問題を間違えたりしたときにも、「一つ、学んだね！」「また一つ、賢くなった！　前進したね！」と声をかけます。**

誰でも間違えれば悔しいし、失敗をすれば恥ずかしいです。間違いや失敗を極端に嫌がる子もいます。

しかし本来は、**「できないことがわかった」のは、大きな成長**です。まぐれ当たりをするよりも、余程いい。間違いや失敗のおかげで、何が正解なのかを学べます。悲しかったり恥ずかしかったりした分、その学びを忘れません。確実に前進しているのです。

小学3〜4年生くらいになると、こういった理屈がわかるようになります。親が論理的に説明することで、失敗や間違いを恐れることが減ったり、つまずいても意欲がわいてきたりするようになります。

⑧「まずは5分だけ、やってみたらどう？」

子どもがやりたがらないことを、親はやってほしいと思っている場合、「まずは5分だけやってみたら？」

「まずは1つ目だけ、やってみたらどう?」

という声かけをぜひ試してみてください。

なにごとも初動には負荷がかかります。

大人も、これから1日かけて書類を作成しなければならないとなると、やりはじめるのが億劫《おっくう》になりますよね。

ましてや子どもの場合、作業量を把握したり、時間の予測を立てたりすることができません。親から「宿題をやりなさい」と言われても、「漢字プリントも、算数ドリルも、音読もやらなきゃいけないし……」と宿題が必要以上に膨大に思えて、やる気がなくなります。

そんなとき**「まず、漢字を一つ書いてみたら?」「5分だけ、算数ドリルをやってみたら?」と声をかけ、作業や時間を分割してしまう**のです。漢字を一つ書いたら休憩、5分ドリルを解いたら休憩という具合で進めていきます。

「宿題に手をつける」ことさえクリアできれば、徐々に集中できる時間がのびていくはずです。なぜなら、作業を止めることにもエネルギーがかかりますから「次の問題もやってしまおう」という気持ちがはたらきやすいのです。

大人でも、何十杯というわんこそばを最初に全部見せられたら「食べられない……」と意欲がしぼんでいくのではないでしょうか。しかし一杯ずつ出されたら、どうでしょう？　気づかないうちに意外とたくさん食べられた経験がある方も多いはずです。

「まずは〇〇だけ」と、初動の負荷を小さくするのがポイントです。

⑨「別にいいんじゃない、やらなくても……」

子どものやる気を引き出す声かけで重要な秘訣の一つは、「子どもはあまのじゃくである」という心の作用を知っておくこと。

基本的には親が言ったこと、望んだことの〝逆〟の行動をすると思っておいてください。親が「勉強しなさい」と言えば勉強をしたくなくなりますし、「ゲームばっかりしないで」と言えば、残念ながらゲームばっかりしたくなるものなのです（笑）。

たとえば、子どもが「宿題をやりたくない」と言ったとします。

その瞬間、子どもは親の顔色をとてもよく見ているんですね。「おそらくダメだ」と言われるんじゃないかと思っています。

そんなとき親が「別にいいんじゃない、やらなくても……」とふわっと軽く言うと、子どもは肩透かしを食らったような気持ちになります。「えっ、やらなくていいの？」「本当にいいのかな……」と、そのとき初めて真剣に、自分事として考えはじめるのです。

その結果、「やっぱりやっておく」となる場合があります。たとえ何回か宿題をやらなかったとしても「先生に怒られるから、やっておこう」と行動を変えたりします。

そのほか、ゲームをやりすぎている子に「ゲームをやめなさい」と言うのではなく、「ゲームの時間が長くなると他のことがまったくできなくなるけれど、まぁやりたいんだったら別にやってもいいんじゃない？」と言ってみます。

すると「ゲームをやめなさい」と厳しく言ったときよりもかえって、「ゲームばっかりしてたら時間がもったいないかも」「そろそろゲーム時間を減らしていかないとまずいかな……」という気持ちが芽生えたりします。

この声かけを親御さんにお話しすると、「本当に言ったとおりになってしまうんじゃないか、心配です」とおっしゃる方が多いです。

そんなとき私は「ぜひ、些細なことで実験してみてください」とお伝えしています。

進路など将来への影響が大きいことではなく、いくらでも軌道修正できる些細なことで試してみるのです。

どの程度、わが子があまのじゃくなのかを知れますし、親が言った内容とは逆の行動をとるようであれば、肝心な場面でも使えるようになります。

⑩ 一歩先のことを伝える
「早く起きなさい」→「ごはんできたよ」

子どもが行動したくなる声かけの一つに、一歩先の未来の話をするというものがあります。

どういうことかというと、たとえば朝、何度起こしても起きない子どもに「早く起きなさい」ではなく、「ごはんできたよ」「今日の朝食は、あなたが好きなイチゴがあるよ」などと声をかけるのです。

【起床】→【朝食】→【支度】→【登校】という時間の流れがある中で、今、目の前で問題になっている【起床】の話をするのではなく、一歩先の【朝食】の話をする。

すると子どもの意識は一つ先の未来に向かうため、行動しやすくなります。

もしも【支度】が遅くなっているのであれば、一つ先の【登校】に目を向けます。

「友だちの○○ちゃん、もう集合場所に来ているかもよ?」

「今日は、朝礼がある日だから早く行ったほうがいいんだっけ?」

という具合です。「早く準備しなさい」「ダラダラしないで」と繰り返すよりも効果があります。

先の未来が楽しいこと、わくわくすることであればあるほど、行動も早くなり

ます。

公園から帰りたがらない子どもに「お家にお菓子あるよ」「もうそろそろ、好きなテレビの時間じゃない？」と帰宅したあとの楽しみを想像させるのも、同じ手法です。

大人も、楽しみな予定がある日の朝は、いつもより早く起きられたりしますよね。いつもは遅くまで寝ているのに、ゴルフの日は嬉々として朝も暗いうちから出かけていくお父さんの姿を見たことがある人もいるのではないでしょうか（笑）。行動したくなる仕組みは、大人も、子どもも同じなのです。

「早く起きなさい」「早く準備しなさい」「遅刻すると大変なことになるよ」。子どもを急かす場面では、やる気をなくさせる命令・脅迫言葉を使いがちです。この「一歩先のことを伝える」手法を使うと、子どものやる気をなくさせる言葉を回避できます。ぜひ試してみてください。

⑪「カンタン、カンタン！」

難しい問題を前に尻込みしてしまっているとき、もしも親が「これね～、すごく難しいからね～」と言ってしまうと、子どもはさらに身構えてしまいます。

ところが、**「これ、実はすごくカンタンでさ。一見、難しく見えるでしょ？ でも○○のポイントをおさえれば、ぜんぶ簡単にできるんだよ」と言って解説すると、子どもの集中力はぐっと高まります。**

自分にもできる可能性があると感じて、「やってみよう」「やってみたい」という意欲が引き出されるのです。

ただ、この声かけは、親が子どもにわかりやすく説明できるときに限って使うようにしてください。「カンタン、カンタン！」と言って、実際に難しかった場合、子どもからの信頼が損なわれるからです。

簡単に説明することが難しく、現在の子どもの能力では対応できない事柄だった場合、「これは難しいから、まだできなくてもいいよ」とスルーして構いません。

「まだできなくてもいいけど、一応、説明を聞いてみる？」と問いかけると、「聞きたい！」となるケースもあります。

似たようなケースでは難題をクイズに変えてしまう手法もあります。

「お母さんがヒントを出すね。制限時間は15秒だよ」などと言って、少しずつヒントを出しながら、子どもが自分で答えにたどりつけるように導くのです。

不思議なものでゲーム性を取り入れると、難しさに尻込みすることなく意欲的に取り組めるようになったりします。

「カンタン、カンタン！」という声かけとクイズ形式は、勉強のみならず、苦手なことに取り組むときにも同様に使えます。

⑫「どうしたい？」

子どもの意欲を引き出す最後の言葉は、「どうしたい？」です。

「うちの子はやる気がない」と言いながら、案外、子どもの気持ちを聞いていないというケースがあります。

気持ちを問われた経験が少ない子どもは、自分で自分の望みに気づきません。**「どうしたい？」と声をかけられることで、立ち止まって考え、言葉にすることができるようになります。**

自ら「やりたい！」と言ったことであれば、自然と行動につながっていくはずです。

大切なのは、子どもから引き出された「こうしたい！」という思いをないがしろにしないこと。「○○したいのね。でも、それはダメなのよ」と否定されることが積み重なれば、かえって悪影響です。子どもは自分の想いは価値がないものだと感じて、「どうせ言っても無駄だから」と最初から諦めるようになるでしょう。「どうしたい？」と問うたからには、親にとって多少都合の悪いことでも大目に見るくらいの気概が必要です。

私は、子どもたちに勉強を教えるときにも「この問題を見て、どうしたい？」「ここまで解いたら、どうしたくなる？」というフレーズをよく使っています。

数学の文章問題を見て手がとまっていたら、「まずは何をしたい？」と聞きます。子どもが「式を書きたい」と言えば、「どんな式を書きたい？」と聞く。「こういう式が書けたらいい」と答えたら、「じゃあ、まず書いてみよう」と促す。すると、手が動きますよね。問題を解く手も、「気持ち」で動いていますから、一つずつ「どうしたい？」を積み重ねていきます。

「こうしたい」という気持ちがまったく出てこないのは、判断するための材料を持っていないということ。新しい知識をインプットする必要があるとわかります。

子どもがどこまでわかっているのかを知るうえでも、「どうしたい？」という問いかけは有効です。

CHAPTER
04

ステップ4
仕組みをつくる

ステップ3で習得したやる気を引き出す声かけは、子どもの行動を促すきっかけづくりとしてとても有効です。

日常的に使っている言葉を、〝やる気をなくさせる言葉〟から〝やる気を引き出す言葉〟に変えていくことで、子どもの心はどんどん上向いていきます。

そこで次はステップ4として**自然とやる気がわいてくる〈仕組みづくり〉**にチャレンジしてみましょう。本章では筆者を含め、さまざまな指導者たちが活用している、**子どものやる気を引き出す12のメソッド**を紹介します。

子どものやる気を引き出す12のメソッド

❶ 必ずできることを積み重ねる（成功のリハビリテーション）

できないこと、わからないこと、失敗する可能性が高いことに直面したとき、人は急速にやる気を失います。もともと意欲や好奇心が旺盛で、困難にぶつかるほどわくわくするタイプの子もいますが、非常に稀です。

反対に、**「できる感覚」「わかる感覚」を覚えると、人のやる気はどんどんあふれてきます。**うれしさや楽しさ、心地よさを感じて、「もっとできるようになりたい」と挑戦する心が芽生えていくのです。

この心理を利用して、子どものやる気を引き出す仕組みをつくっていくのが、この**「必ずできることを積み重ねる」手法**です。

たとえば小5の算数でつまずいている女の子がいるなら、まずはその子がどの部分でつまずいているかを調べます。その結果、小3で学ぶ「分数」がわかっていないことが判明したとします。

このような場合、ふつうの親や指導者は「分数でつまずいているね。まずは分数をマスターしよう！」と苦手なところから勉強をスタートするでしょう。

しかし、このやり方では子どものやる気は引き出されません。

なぜなら、彼女自身は言葉にしなくとも、小3で習った分数までさかのぼることに恥ずかしさや引け目を感じているからです。


しかも小3までさかのぼってもなお、「できない」ことを突きつけられます。凹みますよね。「私は算数ができないんだ」とさらに苦手意識を植えつけることになります。多くの親や指導者が失敗する原因はココです。


私なら、小3で学ぶ「分数」ができないとわかったら、その一つ前の〝できていること〟から始めます。それが掛け算の九九なら、九九を使った計算から始めるのです。彼女は九九はわかっていますから、簡単にできます。

そうしたら、「九九は完璧だね。なら大丈夫。じゃあ、今度はもう少しスピードアップしてみようか」と誘います。

すべて解ける問題ばかりです。わかる問題を早く解くことに意識が向かうため、ゲーム感覚でどんどんやる気が出てきます。

「もしかして、私、算数できるんじゃない？」「むしろ得意かも！」という気持ちさえ芽生えていきます。気持ちが上向いて、少しずつ自信を取り戻していくのです。

そして、ひとしきり計算をやり、飽きてきたところで、次の分野に向かいます。「できる感覚」を持ったまま次に進むと、先生の指導を前のめりで聞けるようになり、苦手だった分数もスムーズにマスターできるようになるものなのです。

できることを積み重ねること。これを私は「成功のリハビリテーション」と呼んでいます。

この仕組みの秘訣は、子どもの気持ちを上向きにすること。子どもに「できる」「わかる」の快感を思い出させることです。良い気分のまま前進していくと、うまくいきます。

❷ 楽しそうにやっている人を見せる

本書の原稿を執筆しているとき、サッカーワールドカップの日本代表戦がありました。

この日の早朝、公園はサッカーを楽しむ子どもたちの姿であふれていました。人のエネルギーは伝播《でんぱ》するもの。楽しそうに、あるいは真剣におもしろがって物事に取り組んでいる人の姿を見ると、自分もついやってみたくなるのが人の性《さが》です。

たとえば料理研究家がキッチンに立つ姿を見て自分も料理がしたくなったり、YouTuber のゲーム実況を見てゲームがしたくなったりという経験が、大人にもあるのではないでしょうか。学校の科学の授業はつまらなくても、米村でんじろう先生の実験はおもしろい。この違いは、でんじろう先生の授業内容がすばらしいのはもちろんなのですが、「科学っておもしろい」「科学が好きだ」という先生の気持ちが私たちに伝わってくるからだと思います。

親が子どもにやる気を出してほしいと思ったときは、その分野で活躍している人、楽しんでいる人の様子を見せることです。可能であれば、親自身が楽しむ姿を見せましょう。

子どもに片づけをしてほしいと願うなら、「片づけなさい」としかめっ面で命令するのではなく、自分が率先して片づける。

ポイントは、心底楽しそうにやることです。

「こんなに楽しいことを、子どもにやらせたらもったいない」と子どもからうばうくらいの勢いで、片づけをレクリエーションのようにやってみる。

すると、自然と子どももやりたくなってきます。

③ 子どもが好きなことを〝さらに〟やらせる

「子どもに好きなことをやらせるべき」とはよく言われますが、「さらにやらせよう」とはあまり聞かないかもしれません。

ただ、**子どものやる気を引き出す秘訣は、子ども自身が好きなこと、夢中になっていることを止めずに、どんどんやらせることです。**

こうお伝えすると、「好きなことだけじゃなく、やるべきことをやってもらわないと困ります」という親御さんの声が聞こえてきそうですが、好きなことを好きなだけやらせることで、やる気の総量が増えていきます。やる気の総量が増えると、好きなこと以外の分野にも取り組む元気が出てくるのです。

「Aの分野は好んでやるけれど、Bの分野へのやる気はまったくない」というのは、やる気の総量がまだ足りていない証拠です。

たとえば、読書が好きな子が食事の時間になっても、本を読むのをやめないとき。一度「ごはんできたよ」と声をかけたうえで、子どもがもっと読みたいのであれば、満足いくまで読ませてみてください。

あるいは、国語の成績がよく、算数の成績が悪い子が、国語の勉強ばかりしていても止めないでください。「国語はもういいよ。算数をやったほうがいいんじゃない？」という言葉をぐっと飲み込んで、好きなだけ国語をやらせてみましょう。前向きな状態が継続されると、勉強や生活など日常のほかの場面でのやる気も増えていきます。

④ 子どもの興味・関心とリンクさせる

好奇心があれば、子どもは自ら行動します。ということは、親はやってほしいことに対して、子どもの好奇心が喚起されるような仕組みをつくってしまえばいいわけです。
その一つに**「やってほしいこと」と「子どもの興味・関心」をリンクさせる方法**があります。

実は、この手法は多くの親御さんが自然と取り入れています。

たとえば子どもに初めて歯磨きをするとき。歯磨きを好きになってほしくて、お気に入りのキャラクターの歯ブラシを買ったりしますよね。それと同じです。

子どもが大きくなってからも「やってほしいこと」と「子どもの興味・関心」をうまく結びつけられないか、考えてみましょう。


私は勉強を教えるときに、よくこの手法を使います。

算数や国語の文章問題で「太郎さんと花子さん」が登場したとき、もしも『鬼滅の刃』にハマっている子だったとしたら、「炭治郎《たんじろう》と禰豆子《ねずこ》」に置き換えてしまうのです。ゲーム好きな子には、勉強計画を「ゲームプラン」、基礎問題をバージョンアップするための「アイテム」、解説を「攻略法」と言ったりします。

言葉の響きが違うだけで、子どもたちの目の輝きが変わります。

自分の興味や関心のある用語に置き換えて説明すると笑いが生まれ、苦手だったことも身近になるのです。

⑤ 行動の「はずみ車」をまわす

簡単で単純で、行動しやすいことをまずやってみるという方法があります。

たとえば親子で話し合い、「17時からは勉強の時間」とあらかじめ決めていた家庭があったとします。しかし、17時になっても自分から勉強しようとしません。

そんなとき、16時50分くらいにノートと問題集を開くことだけやってもらうのです。ノートと問題集を開くだけなら、1分もかからず終わります。至極、簡単です。

ノートと問題集を開いて、17時になったらすぐに勉強を始められる体制をつくる。あとは17時まで遊んで構わないことにします。

水泳でも陸上競技でも、いきなり100％の力で運動を始めるスポーツってありませんよね。ストレッチをしたり、軽く走ったり、準備運動からスタートするはずです。また、野球選手の中には、打席に入る前に同じ動作を必ず行う人もいます。

そのような準備やルーティンを、子どもと話し合ってつくってしまうのです。

億劫でなかなか始められないことも、最初に取りかかる負担が小さくなればなるほど、次の動作に入りやすくなります。行動の「はずみ車」がまわりだすからです。

ノートと問題集を開いておくというのは、その一例。机の上をキレイにするのでも構いませんし、ピアノの練習ならピアノの蓋をあけておくだけでも良いでしょう。

また、**行動のはずみ車をまわす方法として「好きなことから始める」というやり方もあります。**

私自身の中学時代をふりかえってみると、学校から帰ってすぐの時間は、英語や数学の勉強をする気になりませんでした。そこで自分でやる気を出すための方法を編み出したのです。

それは漢字の練習から勉強をスタートさせること。市販の漢字ドリルを毎日1ページだけやると決めました。私にとって、漢字ドリルをやることは勉強のうちに入らなかった。まったく苦ではなく、楽しんでやれることだったのです。

漢字ドリルから始めると、行動のはずみ車がまわって、英語や数学の勉強にスムーズに入っていけることを発見したのでした。

どんなことからスタートすればやる気になるのか、お子さんによって違うはずです。

「何から始めたら、いちばんやる気になるのか調べてみよう！」とお子さんと一緒にぜひ調査してみてください。

「好きなこと」→「苦手・億劫なこと」→「好きなこと」と不得意分野を得意分野でサンドイッチしてしまえば、最後までやり切ることができます。

⑥ 中途半端に終わらせておく

この方法は、あまり知られていませんが、勉強ができる子たちが自学自習時によく使っている方法の1つです。

中途半端に終わらせるとは、例えば、問題集をキリのいいところで終わらせるのではなく、問題が（10）まであれば（8）で終わらせること。あるいは12ページで完結する問題集を11ページまでやって、最後の1ページを残しておくということです。

なぜ、このような方法を取ると良いのでしょうか。

それは、**キリよく終わらせてしまうと、次にやるときは再びイチからのスタートとなり、強いモチベーションが必要になるからです。**

しかし、残り2問で終わる、残り1ページで終わる状況から始めるとなると、すぐにキリがいいところがやってくるため、心理的ハードルが下がります。昨日の続きをやるほうが、初動の負担が小さくて済むんですね。


また、勉強ができる子たちの中には、勉強が終わったら問題集やノートを片付けずに、開きっぱなしにしておく子がいます。辞書などもいちいち本棚に片付けずに、机の上に置いておきます。

そのほうが次に机に向かったとき、前日の続きにさっと取りかかれるからです。勉強道具を用意したり、「前回どこまでやったかな？」と問題集をパラパラ見て確認したりする手間を省けます。

片付けをせずに中途半端な状態で終わらせておくことで、準備の面倒くささが解消され、勉強へ向かう気持ちが高まります。その子だけが好きに散らかしておける勉強空間をつくるのも一つの手です。

❼ 効果・結果が出るやり方を教える

そもそも、苦手なこと・できないことに対して、人はやる気がでません。やる気を引き出していくためには、子どもの「できる」「わかる」感覚を引き出していく必要があります。

その際に**やみくもに「勉強しなさい」「練習してごらん?」と言っても、そのやり方を子ども自身がわかっていないケースがあります。**子どもにやり方を教えるのは、いちばん最初に取り組んだときに大人がやるべきことです。

たとえば「漢字テストをやるから勉強してね」と大人に言われると、たいていの子どもは「何度も書く」「何度も見る」という勉強法をとります。

しかし、漢字などを覚えるために最も結果が出る方法は「繰り返しできるまでテストをする」ことです。本番のテストに向けてリハーサル（練習）をして、テストで出来を確認するのです。

また、縄跳びを練習するときには、ただ跳びつづけるだけではうまくいきません。縄の持ち方が正しいのかをチェックしたり、リズムよく跳ぶ練習をしたり。跳ぶ前に確認すべきことがいくつかあります。

何かを習得していくためのやり方がわからなければ結果は出にくくなります。がんばっているのに結果が出ないと、意欲は当然、失われていくでしょう。

効果・結果が出る方法を教えて、子どもの「私にもできそう」という想いを引き出していくことが肝心です。

親もやり方がわからないときには、スポーツであればプロが解説するYouTubeを見たり、勉強であれば筆者を含め多くの書籍が出版されていますから、それらを参考にしたりすることで対処できるはずです。

また、親が子に教えるときには、何度もトライすることを心がけてほしいと思います。1回教えてわかっていないようであれば2回教える。2回教えて前進していないようであれば3回教える。3回教えてもなお変化が見られないのであれば、それは教え方が間違っているか、やり方がその子自身に合っていないかのどちらかです。

教える側がやり方を変え、工夫する必要があります。

教育とは「教えられる側には1ミリも非がない」と心に留めておきましょう。

くれぐれも怒りながら「1回で覚えてよ」「何回言えば、わかるの？」などと言わないようにしてください。

❽ 未来への希望を感じさせる

私は中学生向けに勉強法を教える講座を年数回、行っています。この講座の参加者には、やる気のある子もいれば、親に言われて渋々参加しているやる気のない子もいます。

どちらの子どもにも、同じ話を切り出してみます。「一部の成功者しか知らない、成功するための原理原則があるんだけど、聞いてみる?」と。

すると、どの子も、興味津々で耳を傾けるのです。

「『人はなりたい自分になれる』という話があるけれど、実はそれは本当なんだよ。自分がどうなりたいかを決めると、人はそこに向かうようにできているんだ。たとえば学校の成績で最高ランクの『5』を取ると決める。すると、『5』を取るための情報が向こうから飛び込んでくるようになる。

もしかしたら『テストに出るから重要だよ』という先生の言葉を聞き逃さなくなるかもしれない。外食しているときに、たまたま隣に座った東大生が効果的な勉強法について世間話をしているかもしれない。

『5』を取ると決めなければスルーしてしまっていた言葉や情報を、しっかりキャッチできるようになるんだ。

これには学術的な根拠がある。

僕たちの脳にはフィルタリング機能があって、必要なものは目にとまり、記憶されるけれど、不必要だと判断したものはすべてスルーしてしまうようにできている。決めることによって、手に入れられる情報量がかなり違うんだよ。

ただ、受験の場合は、自分で決めても、間に合わない可能性がある。

だから、できるだけ早く決めることが大事なんだ」

このような話をすると、最初はやる気がなさそうに参加していた子も、目を輝かせはじめます。心に灯がともります。優等生タイプもやんちゃタイプも、普段は学校に通えていない子も驚くほど例外なく、みんなやる気が出てきます。

そのとき私はいつも**「本当はやる気のない子なんていない」**と実感するのです。みんな心の奥底では「前進したい」「自分自身を引き上げたい」と思っています。ただ、実現しないと諦めているだけ。つまり〝希望〟がないんです。だからこそ大人が、未来への希望が感じられる話をする必要があります。

ただし、この話を親が子どもに伝えるときには注意が必要です。親が自分の言葉として話をすると、子どもは嘘臭さを感じたり、無理やりやらせようとしていると思ったりして、素直に聞けないことがあります。

ですから親も人から聞いた話として、「～らしいよ」という伝聞形にしたり、「こういう話を聞いたから、お母さんも○○すると決めたの」と自分事として話したりするほうがいいでしょう。

⑨ 選択の自由を与える

親が選択肢を提示し、子どもに決定させる。これは、子どものやる気を引き出す上でとても効果的な手法です。

選択肢を提示する際に大切なのは、次の3つです。

【1】選択肢をもれなくダブリなく出すこと
【2】それぞれのメリット・デメリットを公平に提示すること
【3】どれを選択するかは、あなたの自由であると伝えること

具体例を挙げてみましょう。

たとえば子どもが塾に行くかどうかを話し合って決める場合。【1】はシンプルで、次のようになります。
（A）塾に行くという選択
（B）塾に行かないという選択
【2】では、それぞれの選択肢のメリットとデメリットを公平に提示します。
（A）塾に行く場合
〈メリット例〉　学力があがる、達成感が得られる、自信がついて勉強が楽しくなる
〈デメリット例〉　遊びの時間が減る、夜寝るのが遅くなる、面倒
（B）塾に行かない場合
〈メリット例〉　自分のやりたいことをできる時間が増える、生活リズムを変

えなくていい
〈デメリット例〉自分で勉強しなければならない、成績が上がらないと先生に
怒られる

【2】で大事なことは、メリットとデメリットの両方を公平に伝えること。子どもは親の意図を敏感に感じとりますから、できるだけ感情を入れないように注意しましょう。

また、メリットとデメリットは確実にそうなるわけではないため、あくまでも可能性の話であると伝えます。確実にそうなると伝えてしまうと、子どもは例外を挙げてきて反発することもあります。

最後に【3】では、「どれを選択するかは、あなたの自由だ」と伝えます。

これはとても重要です。

「選択は自由」と言っておきながら、「お母さんだったら塾に行くけどね」のひと

言を付け加えるのはＮＧ。親が誘導してしまうと、子どもはとっさに反発して、親の誘導とは逆の選択肢を選ぶことがあります。

大事なのは、子どもが自分で考え、自分で決定するということ。自らが決めたことであればやる気も出てきますし、行動には責任も伴います。

親は選択肢を提示し、決定権は子どもにあることを肝に銘じておきましょう。

言うまでもなく、子どもが決めたことに対して「やっぱりダメ」と決定を覆すのは最も避けるべき対応です。

ダブルバインド（二つの矛盾したメッセージを出すことで、相手を混乱させる可能性のあるコミュニケーションの意味）といって、子どもは二度と選択しなくなります。

この「選択の自由を与える」手法は、さまざまなケースで使えます。

第3章で取り上げた「帰宅後すぐに宿題をやるか、好きなことをしてから宿題をやるか」というテーマでも、それぞれのメリット・デメリットを挙げて、子どもに選択してもらうと良いでしょう。

自分で決断したことであれば、意欲高く取り組める可能性がグンと高まります。

⑩ 人に教える

人は教える立場になると、教えられるよりもはるかに学ぶことができます。教えられる立場のときは受け身になりやすく、教えているときは前向きで主体的になりやすいからです。

このことを実感したエピソードがあります。

私がかつて、数学が苦手な中学3年生と中学1年生の生徒を指導していたときのこと。補習時に手が離せなかった私は、数学が苦手な中3のA君に、「B君（中1）に解き方を教えてあげて」と頼みました。

数学が苦手といっても中1の問題です。A君はすらすら解いて、先生さながらに一生懸命に解説してくれました。その後も、中1のB君が困っていると、A君が助けてあげる様子が見られました。

しばらくして、何が起こったと思いますか。

実は、中3のA君の成績が、ぐんぐんと伸びはじめたのです。いつのまにか数学が苦手ではなくなっていました。

なぜA君は変わったのでしょうか。

自分より年下の子に勉強を教えることで「数学が苦手」という思い込みが解消されたのかもしれません。人に教えることで情報が整理され、理解が深まり、定着したことなども理由として挙げられるでしょう。

彼自身も「イヤイヤながらやっていた数学が、教えたことをきっかけに楽しくなった」と話していました。

人に教えることで学びが深まり、意欲もわいてくる。何度も、このようなケースを目の当たりにした私は、子どもたちにあえて「人に教える場」をつくるようにしていました。

塾という環境ではなくても、リーダーシップを発揮しやすい場所に子どもを連れて行ったり、キャンプなど異年齢の触れ合いを増やしたりすることも有効でしょう。また、親子の日常会話に取り入れることもできます。

子どもが小学校低学年であれば「今日、学校で習ったことを教えてくれる？」などと聞いてみてください。子どもが先生役、親が生徒役になるのです。

子どもの話を「なるほど～」「お母さん、知らなかった！」などと興味を持って聞けば、意気揚々と教えてくれるはずです。

小学校高学年になり、学校での話を親にしたがらなくなった場合には、子ども

自身が好きなことや得意な話題を振ってみます。

たとえばオンラインゲームの攻略法などを説明する過程でも語彙力や表現力、論理的思考力が強化されますし、何よりも教える立場に立つことで、子どものやる気が引き出されていきます。

⑪ 子どものタイプに合った対応をする

声かけでも、仕組みづくりでも、子どものタイプに合った方法を採用しなければ、思うような効果は得られません。子どものタイプによって取るべきアプローチ方法がまったく異なるからです。

人には大きく分けて2つのタイプがあります。

1つ目のタイプは「マルチタスク型」です。**マルチタスク型の人は、その名のとおり、比較的なんでも満遍《まんべん》なくこなせます。**マルチにできるということは**裏を返すと集中力がなく、分散型ということでもあります。**

このタイプの集中力のなさは、ある意味「才能」です。四方八方に意識が向いていて、周囲に気をくばることができます。

クラス全体を俯瞰して見て空気を読んで行動したり、人の些細な変化に気づいたりすることができます。

マルチタスク型の価値基準は「損得」です。損か得かを判断基準として行動します。その分、無駄が嫌いで「面倒くさい」という言葉をよく使います。

効率的に動くことを好むため、仕組みづくりやノウハウ、スケジュール管理が大好きです。秩序や合理的であることを好みます。

こうした**マルチタスク型の子どもへの有効なアプローチは、「スケジュールをつくり、やり方やノウハウを教え、それをやることによってどれだけ〝得〟なのかについて話をすること」**です。

本来のマルチぶりを発揮し、ぐんぐんと成長していきます。

もう1つのタイプは「シングルタスク型」です。シングルタスク型は一点集中。集中力が抜群にある分、対象以外はあまり見えていません。いわゆる「空気が読めない」と言われることも多いです。

このタイプの価値基準は「好き嫌い」です。好きか嫌いかを判断基準として行動します。好きなことは徹底してやりますが、そうでないことは後回しにするか、やりません。

学ぶことが好きな場合、学校内でトップレベルの成績になる子もいます。私が見る限り、難関校のトップレベル層の子の多くはシングルタスク型です。

シングルタスク型の子どもへの有効なアプローチは「好きなこと、比較的やってもいいと思えることから始める」です。

好きなことを存分にやることで心が満たされると、好きではない領域のことも「やってもいい」という気持ちになります。損か得かという話をしても、このタイプには響きません。

もちろん人にはグラデーションがあり、「マルチタスク型」と「シングルタスク型」にはっきり分かれるわけではありません。

どちらのほうが優位に出やすいかという点で、子どもを観察してみてください。

親と子のコミュニケーションがうまくいかないとき、親子でマルチタスク型とシングルタスク型のタイプが違う可能性があります。

とくに親がマルチタスク型で、子どもがシングルタスク型だった場合、その傾向は顕著にあらわれます。子どもにやってほしいことについて、親が損得感情に訴えて説得してもまったく響かなかったり、親が得意な仕組みやルールを子どもに押しつけて嫌がられたり……。

親と子の価値観は違うこと、そして子どものタイプに合ったやり方でアプローチをしないと、人は積極的に行動しないことを心に留めておきましょう。

⑫ 関与しない

子どものやる気を引き出すメソッドの最後は、「関与しない」です。「何もしない」というあり方を、仕組みの一つとして提案させてください。

子育ての悩みや問題は、渦中《かちゅう》にいるときは深刻ですが、たいていのことはなんとかなります。子どもの成長とともに解決するものも多いです。

親御さんが心配しているような〝手遅れ〟は、実際にはほとんどありません。**「この子は大丈夫」と決めてしまうことが、とても大切です。**

親が「この子は、私が言わないと何もやらないから」と世話しつづけても、いつかは手を離さなければなりません。

子どもが大学生になっても、社会人になっても、自分の家庭を持っても、ずっとそばにいてあげられるわけじゃありませんよね。それなら上手に子どもの手を離していく方法を考えたほうがいい、と私は思います。

むしろ、親があれこれと先回りして心配したり、不安や焦りから介入しつづけたりした結果、親子関係が悪化したり、事態が余計にこじれてしまったりすることのほうが、実は多いものです。

親は「子どものやることに口出ししないほうがいい」と言うと、「それは、子どもを放置しろということですか？」と怒る方がいるのですが、それは違います。

子どものことは、しっかり見ていてください。

たとえば勉強には関与しないけれど、持ち帰るプリントを見て「どのくらい理解しているのか」を把握したり、日々の子どもの言動を見て、友だち関係を頭に入れておいたり。

そして「サポートが必要かもしれない」という危険信号を感じたら、事態が悪化する前に話を聞いてみます。必要であれば手も口も出してサポートしましょう。放置するのではなく、子どもの状況を知っていながら、関与しない。**子どもを信頼して、〝見守る〟というスタンス**です。

この「見守る」という態度も、声かけ同様に注意が必要です。いかにも心配そうにしていたり、眉間にしわをよせていたりすると、子どもにウザがられます。**ニコニコと、フラットに冷静に、見守りましょう。**

親御さんの心配事項である「勉強」についても、親が関与していないご家庭のほうが、子どもは勉強をするようになると感じています。「勉強しなさい」と毎日言われていたり、付きっきりで宿題を教えられたりしている子のほうが、学ぶ意欲が低下することが多いのです。

最も理想的な親の関わり方は、勉強に直接関与しないけれども、日常の会話の

中で「学びたくなる」話題を提供しているケースです。

たとえば、幼いときであれば散歩に行ったときに植物を見ながら、「この葉っぱ、面白い形してるね〜。この形はなんていうんだろう?」と話題を振ってみたり、熟語を使った難しい表現をあえて使ってみたりする。

そのような家庭の子どもは、「学ぶ・知る」ことへの意欲が高まりますから、親が関与しなくても自然と自ら勉強するようになります。

家庭は日常であり、憩いの場です。 直接的な関わりが強すぎると、息がつまります。また、親が関与しすぎて、何もしなくても日常がまわるのであれば、子どもは主体性を失ってしまうでしょう。

もしものときにはサポートできるように、そっと見守るくらいがちょうどいいのです。

雑談など、日頃からライトなコミュニケーションがとれていれば、必要なときは子どものほうから相談や質問をしてきます。

CHAPTER 05

ステップ5

習慣化する

ステップ2、ステップ3では、子どもの意欲を引き出す「声かけ」と「仕組みづくり」を学びました。こうして引き出されたやる気を継続させるには「習慣化モデル」をつくることが重要です。

習慣化さえできれば、親が口うるさく声をかける必要はなくなります。

たとえば小学生くらいになると、親から言われなくても自主的に歯磨きをするようになりますよね。それは歯磨きが習慣として定着しているからです。

本章では歯磨きのように、**親から言われなくても子どもが自主的に行動するようになるための習慣化のコツ**をお伝えします。

子どものやる気が継続する10の習慣化モデル

❶ 成長や実績の見える化

習慣化させるためには、一定期間やり続ける必要があります。しかし、その継続がむずかしい。

どうすれば、習慣になるまで「やりたくなる気持ち」を持続できるのでしょうか。

まず大原則として**「成長が実感できると、やる気が持続する」**という心理があります。

自分のためになっていると感じられたり、少しでも前進していることが感じられたりすると、続けることが楽しくなっていきます。

そこでおすすめなのが、**データの「見える化」**です。

大人もダイエットをする際、データを計測しますよね。毎日体重を測り、それをグラフにして見える状態にすることで、〝もっと頑張ろう〟という気持ちが芽生えて、継続の支えになります。

子どもも同じです。

たとえば片付けや宿題を習慣化させたいのであれば、「片付けを1回やったら1ポイント」「宿題をやったら3ポイント」というようにポイント化してみましょう。

日々のポイントをグラフにして部屋に貼っておくのです。

また、何十ポイントに達したら「お菓子が買える」「ゲームができる」というように報酬システムを組み合わせても良いでしょう。

仮に、片付けや宿題が子どもにとってはやりたくないことだったとしても、ポイントを増やしていきたいという「動機対象のすり替え」によって、一定期間継続できるようになります。

習慣になってしまえば、あとはやらないときのほうが落ち着かない状態になっていきますから、自動的に行うようになります。

他の「見える化」の方法として、**行ったタスクを消していく**というやり方もあります。

たとえば小学校の1年間で覚えなければならない漢字をすべて掲示して、覚えた漢字に「〇」をつけていく、あるいは覚えた漢字を消していくという方法です。覚える必要がある漢字がどんどん減っていくことが視覚的にわかると、やる気が出てきます。減らしていくことに達成感を覚えるようになり、自然と勉強に励むようになるのです。

成長は、目には見えません。だからこそ、毎日の積み重ねをデータ化し、実感できるようにすることに意味があります。

ただし、この見える化には一つ注意点があります。

それは「**やれば必ずできること、やれば必ず積み上がっていくものをポイントの対象にする**」ということです。

「学校のテストで100点をとる」「25メートル泳げるようになる」など、やっても叶わない可能性があることや、到達するまでに時間がかかることを、いくらポイント化しても習慣化されません。

〝結果〟ではなく、〝行動〟を見える化するようにしましょう。

❷ すでに習慣になっていることにくっつける

新たに習慣にしたいことを、現在すでに習慣化されていることとセットにしてしまうやり方です。

たとえば「歯磨き」は、「睡眠」や「食事」という習慣にくっついた習慣です。このようにセットにして一つの習慣にしてしまうと、新しい行動も継続しやすくなります。

片づける習慣をつくりたければ、遊ぶ習慣にくっつけて、片づけるところまでを遊びのワンセットにしてしまいます。

「遊び」と「片づけ」を分けてしまうと、子どもにとって片づけは興味のないことですから、遊びっぱなしで終わってしまいます。ぬいぐるみやおもちゃが寝るためのスペースや収納をつくり、指定の場所に寝かせるまでを「ままごと遊びのルーティン」にしてしまうといったイメージです。

宿題であれば、おやつを食べる習慣がある子なら「おやつを食べ終わったら宿題」というモデルをつくれます。

しばらくは、おやつを食べ終わったタイミングで声をかける必要がありますが、「おやつ→宿題」という流れができると、親が声をかけなくてもいずれ習慣になっていきます。外から帰ってきたら手を洗うという一連の流れと同じ感覚です。

ただし習慣化するためには、一定期間、継続する必要があります。**一般的に習慣化には3週間から4週間はかかるといわれていますので、「何度も言っているのに！」とならないよう、心づもりをしておきましょう。**

③ 時間を短くする

1回あたりの時間を短くするほうが習慣化しやすい傾向があります。

自分から思い立って始めるときはやる気に満ちあふれていますから、あれもこれもと詰めこみたくなります。しかし、いざ継続するとなると、**長い時間を要するものは次第に億劫になってしまう**のです。

たとえば、筋力をつけたくてスポーツクラブに通うことを決意したものの、行き来する時間や手間が面倒くさくなり、結局足が遠のいてしまった。

あなたにも、こんな経験がありませんか。

週3回スポーツクラブに通うよりも、毎日の隙間時間に自宅で腕立てや腹筋を5分ずつやるほうが、継続でき、結果として筋力がついたりしますよね。

つまり、**続けるためには、張り切りすぎないこと**です。**1回あたりの時間を、できるだけ短くしましょう。**

片付けであれば、「1分で終わる片付け」や「毎日、部分的に掃除をする」などのやり方が効果的でしょう。

勉強も、じっと座って30分間やり続けるよりも、10分を3回のように分割して行うほうが続けやすいといえます。

❹ 毎日やる

習慣化のコツの1つは**「毎日やる」**こと。**例外をつくらないことがポイント**です。

サザエさん症候群という言葉をご存知でしょうか。アニメ『サザエさん』が放映される日曜日の夕方くらいから、明日からはじまる仕事のことを思って、憂鬱な気持ちになる現象のことです。

ただ、この憂鬱な気持ちも、土日というお休みがあればこそ。一旦立ち止まった後に、またやりはじめるのが大変なのです。

一方で、歯磨きが習慣になりやすいのは、毎日やるからです。

土日に歯磨きをしなくていいのであれば、月曜日に忘れてしまうかもしれません。月曜日に「はぁ、また今週も歯磨きがはじまるのか」と憂鬱な気分になるかもしれません。

曜日に関係なく毎日やっていると、気合も努力も必要なく、淡々と続けられます。

短い時間で構いません。習慣化には、「毎日やった」という実績を積み重ねていくことが大切です。

⑤ 同じ時間と場所で行う

同じ時間帯、同じ場所で、同じ作業を繰り返すと習慣化することがあります。

いわゆる「ルーティン」といわれているものです。

たとえば毎朝6時に公園に行き、散歩をする習慣がある人は、逆にやらない日があると違和感を覚えます。朝6時になると体が勝手に動いて、公園に行きたくなるのです。

出社をしてオフィスの自席に座り、コーヒーを一口飲むと、仕事のスイッチが入るという人もいるでしょう。

同じ時間、同じ場所で、同じ動作を一定期間続けることで習慣になります。

子どもの勉強や生活に関することも、習慣にしたいのであれば毎日時間を決めて、その時間になったら同じ作業を行うようにするといいでしょう。

なお、**勉強や自習はいつ、どこでやるかが非常に重要**です。

どの時間帯、どの場所で勉強すると集中力が高まるのかは、子どもによってまったく異なります。**その子に合った時間と場所を見つけることが肝心**です。

近年、「子どもはリビングルームで学習するほうがいいんですよね？」と言われる機会が増えました。リビング学習を推奨する声が増えているからでしょう。

しかし、実際にはリビングでの学習に向いていない子どももいます。目に入るものが多いと集中力がそがれるタイプの子や、きょうだいがいるご家庭であれば妹や弟が遊ぶ声がうるさいということもあります。

子どもの特性に加え、自宅の間取りや家族構成によって、適切な学習スペースは異なることを心に留めておいてください。

「勉強をはじめても集中力が続かない」という子に私がおすすめしているのは、**どの時間帯・どの場所で勉強するのが最もやりやすく、居心地がいいのかを親子で調べてみる方法**です。

調査項目は次のとおりです。

【1】どの時間帯に勉強するのが実行しやすいか？
【2】どの場所で勉強するのがやりやすいか？
【3】どの位置で勉強するのが居心地がいいか？

ポイントは、時間と場所をセットで考えること。

子どもは朝、昼、晩で居心地のいい場所が変わることがあります。また学校から帰ってすぐ宿題をするほうがはかどる子もいれば、おやつ休憩や好きな遊びをしてから宿題をするほうが集中できる子もいます。

場所については、リビングのテーブルがいいか、自分の机がいいかだけではなく、どの位置に座ると居心地がいいかも探ってみてください。

大人でもなじみのカフェに行くと、いつも同じ席に座りたくなったりしますよね。それと同じで、子どもにとってもなぜか集中できるスペースがあったりします。

この調査をやってみると、面白いことに「漢字の練習は自分の机がいいけれど、算数の計算はリビングのテーブルがいい」ということがあります。リビングでも座る位置によって、作業スピードがまったく変わることも。暗記は、寝転びながらのほうが覚えやすい子がいたりします。

ぜひ親子で、集中できる時間帯と場所を、何パターンか試してみてください。「調査」というキーワードに子どもがわくわくして、**調べているうちに勉強へのモチベーションが上がるという副産物を得られることも**ありますよ。

⑥ 少しずつ変化を加える

一度習慣化されたものの、急速にやる気が失われたり、行動にムラが出てくるようになったりすることがあります。

同じことをずっとやり続けていると、やはりマンネリ化してしまうからです。

そのような場合には**「少しずつ改良・改善」を加えながら習慣化する**ことを試してみてください。

大きく変える必要はありません。たとえば少し場所を変えてみる、頻度を変えてみる、途中にご褒美を設けてみるなど、ちょっとした変化を取り入れてみます。するとの新鮮さや面白さが生まれて、また継続できたりします。

❼ 宣言する／公開する

有言実行という言葉があるように、「宣言したからには、やらないわけにはいかない」という気持ちになることがあります。

とくに**責任感が強いタイプのお子さんには有効**です。

家族に向けて「今日から○○をします！」と宣言して、部屋にその言葉を貼りだしておくのも一つのやり方です。

祖父母や習い事の先生など家庭の外にいる人たちに宣言し、「○○はどう？　続いている？」などと相手に聞いてもらうようにしておくと、励みになります。

また、**年齢が上がれば、ブログなどで「公開する」という手法もあります。**

たとえば、整理整頓を習慣化したいときに、「今日、整理整頓したもの」などの写真をアップし、ビフォーアフターを公開していくと、習慣化しやすくなります。

なぜなら「見てくれている人がいる」という事実が張り合いになるから。人に見られる状態をつくることで、応援されているような気持ちになり、自然と継続します。

ただし「宣言する」という行為がプレッシャーになって楽しくなくなる、そもそも「見られることが嫌」というタイプのお子さんには、この手法は向きません。

お子さんのタイプに合わせて、実行するかどうかを決めてください。

❽ 仲間と行う

一人でやると続けられないものが「仲間と一緒にやると続けられた！」という経験をお持ちの方も多いのではないでしょうか。

逆にいえば、何でも一人で続けられる人はすごいですよね。それだけ自分の軸があり、ブレにくいということです。

しかし、なかなかそう簡単にはいきません。

そこで、習慣化のために**「仲間と一緒に」**を取り入れてみます。

たとえば、お友だち同士で同じチャレンジをし、進捗状況を報告し合うのです。継続のモチベーションが下がったときには、「A君もがんばっているんだから、僕も……」という気持ちになれたりします。

ある意味、オンラインゲームは、この構造を利用しています。

一人ではなく仲間と一緒に楽しめますし、場合によってはランキングがシェアされたりします。「オンラインゲームに、なぜ子どもたちはハマるのか？」を考えていくと、家庭内でも取り入れられるコツが見えてくるはずです。

⑨ 続けることを目的にする

続けることを目的にすると聞いて、「？」と思う人がいるかもしれません。本来であれば続けるためにやることは一つもないからです。

習慣化したい行動には、必ず意図や目的があります。

「毎日必ず、散歩をする」と決めたのであれば、その裏側には「体力をつけたい」「減量したい」「リフレッシュしたい」などの目的や意図があるはずです。

しかし「体力維持」「減量」「リフレッシュ」などの目的そのもののためだと行動できないケースもあります。

そんなときは**目的をすり替えてみましょう。成果を出すためにやるのではなく、毎日続けていくことに意味を見出す**のです。

「○日連続でできた」という記録が積み重なっていくと、記録更新がモチベーションの維持につながります。「これまでがんばってきたから」という自身の実績が重しとなり、雨の日も風の日も、行動できるようになります。

また、続けていく中で「散歩するとすばらしい景色に出会える」「散歩をすると気持ちがいい」など別の楽しみや快感を見つけることもあるでしょう。

ただし、「連続記録の更新」を動機にする手法には落とし穴もあります。

それは、**一度連続記録が途絶えると、一気にモチベーションが下がる可能性がある**点です。やる気を継続するための他のメソッドと組み合わせるほうがいいかもしれません。

⑩ 楽しすぎない

習慣化するための最後のコツは、**習慣化する行動を「楽しすぎない」ものにすること**です。

このキーワードを見て、「えっ、楽しいほうがいいんじゃないの？」と戸惑う人もいるでしょう。

「楽しさ」にもレベルがあります。

ざっくり分解してみると、「超楽しい」「普通に楽しい」「ちょっと楽しい」の3つに分けることができます。習慣化のためには「普通に楽しい」状態を目指していくといいのです。

「超楽しい」状態は、とっかかりとしてはいいのですが、すでにピークに達しているため、その後も同じテンションを続けるのが難しくなります。急激にピークを上げると、下がるのもまた早いのです。ものすごくハマってやりこむと、その分、飽きるのも早かったりしますよね。

また、ネガティブな感情のみならず、**ポジティブな感情も刺激が強すぎるとストレスになります。「程よく楽しい」くらいがちょうどいい**のです。

習慣化のために、子どもが喜ぶことを取り入れようとするのはとてもすばらしいのですが、〝張り切りすぎない〟ことが肝心です。

「このおもしろさを続けられるかな？」「親の負担が大きすぎて、途中でやめたくならない？」と考えてみてください。

余談ですが、「楽しすぎない」「テンションを上げすぎない」は、会話を続ける秘訣でもあります。

最も相手に届くのは、ややテンションを上げたくらいの声です。あまりにテンションを上げすぎてもお互いに疲れてしまいますし、テンションが低すぎても会話はつづきません。

ちょっと気持ちを上向きにするくらいの感覚が心地よく、長続きします。

＊

第5章では習慣化するためのコツについてお伝えしました。

「継続は力なり」という言葉があるように、習慣化がもたらす効果は大きいです。実力がついたり、周囲から褒められたり、自己肯定感が高まったりと、さまざまな効果があります。それがさらに、子どもの自主性を高めていく好循環をもたらしてくれます。

第3～5章でお伝えした【声かけ】→【仕組み化】→【習慣化】のステップは、すべてをこの手順どおりに網羅しなければならないというものではありません。

自分が実行しやすいもの、子どもに合いそうなものを選んで、いくつか組み合

わせて試してみてください。「Aの方法がうまくいかなかったから、今度はBを試してみよう」というように実験をしている感覚で取り組んでいただけたらと思います。

ここまでご紹介した、子どものやる気を引き出すメソッドは、全国でたくさんの親御さんが実践してくれています。

これまで、たくさんの方からお子さんの変化をお聞きしてきましたが、ここではあるママさんのエピソードをご紹介します。当時、5歳の娘さんを育てていた方のお話です。

そのママさんは、娘さんに「リビングで着替えたら、脱いだ洋服を脱衣所にある洗濯物カゴの中に自分で入れるように」と伝えていました。

しかし、何度言っても娘さんは実行しません。リビングに脱ぎっぱなしになっている洋服を「なんで、自分で持っていかないの？」「自分でやってって、何度も言ってるよね?」とぶつぶつ文句を言いながら拾いあげる日々です。

しかし、私の話を聞いたママさんは、まず命令したり、嫌味や文句を言ったりするのをやめました。そして稀に、娘さんが自分で洗濯物カゴに入れたタイミングを逃さず、「いいね〜」「助かる!」「うれしい」と魔法の言葉をかけるようにしたのです。

すると、すぐに効果が出ました。**娘さんは誇らしげな表情で、以前よりも自分で持っていく回数が増えた**のです。

ただ、しばらくすると、また脱ぎっぱなしの日々に戻ってしまいます。

そこで次に、仕組み化・習慣化しようと「洋服を着替える→洗濯物カゴに入れる」をセットでやることを根気強く、娘さんに伝えました。

少し改善されましたが、それでも自分でやる日とやらない日があります。

「娘は、ルールをわかっている。それなのになぜ、やれない日があるんだろう？もしかしたら、なにかやれない理由があるのかな……」

そう思ったママさんは、そのとき**「子どものやる気を引き出す親は、子どもの心を見ている」**という言葉を思い出したそうです。そして、よく子どもを観察するようにしたのです。

すると、ある日の夕方、娘さんが洗濯物カゴのある脱衣所からダダダッと走ってリビングに戻ってくる姿が目に入りました。娘さんの顔を見ると、ひどくこわばっています。

「もしかして、一人で脱衣所に行くのが怖い？」

ハッとして脱衣所に目をやると、電気が消えて、真っ暗でした。娘さんは着替えた後、小さな手いっぱいに洋服をかかえて脱衣所に向かうため、自分で電気をつけることができなかったのです。

これが原因かもしれないと思ったママさんは、娘さんが脱いだ服を持っていくまで、脱衣所の電気をつけておくことにしました。

すると驚くことに、それから毎日、脱いだ服を自分で持っていけるようになったのです。

その変化を見て、「あまりの変わりように驚いた」とママさんは言っていました。

それからは「洋服を着替える→洗濯物カゴに入れる」が習慣化されただけでなく、少し年齢が上がると、電気をつけたままにしておかなくても、自分で片づけられるようになったそうです。

この経験から、そのママさんは「わが子をちゃんと見て、子どもに合ったやり方を試行錯誤する大切さを知りました」と話していました。

その子にとって、何がいちばん適したやり方なのか。

それを知っているのは、最も近くで子どもを見ている親御さんです。

また、子どもの年齢やタイミングによって効果のある手法も異なるでしょう。やる気を引き出すメソッドのいくつかが頭に入っていれば、あれこれと試してみる際のヒントになります。

そして、先ほどのママさんのように「ものすごく効果があった!」「わが子に合ったやり方を見つけた!」という体験をすると、子育てがぐんと楽しくなります。「この方法はどうかな〜?」「やっぱりダメだったか〜」と気軽な気持ちで、実験できるようになります。

この楽しさを、全国の親御さんにぜひ味わってほしいと私は思っています。

先ほどご紹介したエピソードの根底にあるのは、**親から子どもへの信頼**だと私は思います。

もしも親が「この子が洋服を脱ぎっぱなしにしてしまうのは、だらしがないから」と決めつけていたとしたら、試行錯誤することはなかったでしょう。

「この子は言われたことを守らない」ではなく、「言われたことを守れないのには、何か理由がある」と考えたからこそ、子どもが変わるきっかけをつくれたのです。

本書の最終章となる第6章では、子育てにおいて最も大事な「信頼関係」の話をしたいと思います。

CHAPTER

06

ステップ0

信頼関係を取りもどす

第1章から第5章まで、「子どものやる気を引き出す5つのステップ」をご紹介しました。最終章でお話するのは**ステップ0〈信頼関係を取りもどす〉**です。

いくら声かけを変えてみても、仕組みや習慣化のコツを取り入れても、子どもにプラスの変化が見られない。自分の働きかけが、子どもに響いている手応えがないということがあると思います。

あらゆる手段を尽くしても効果がない場合、その原因は、親子の信頼関係に起因していることが多いです。親が子どもからの信頼を失ってしまっている。もしくは親子ともに相手に対して疑心暗鬼《ぎしんあんき》になってしまっているケースです。

信頼関係とはお互いが相手を信じ、安心した状態で頼り合える関係のこと。

あなたは子どもと接するときに〝安心〟できているでしょうか。子どもを〝信じて〟いるでしょうか。子どももまた、親に対して安心して、頼れているでしょうか。

「子どもを信じていますか？」と質問すると、ほとんどの親御さんが、まるで条件反射のように「はい、信じています」と答えます。

ただ、子育てに悩んでいる親御さんの姿を客観的に見ると、子どもを心から信じているように感じられないこともあります。「信じたいとは思っているけれど、内心では信じきれていない……」というのが本音のように見えるのです。

子どもを信じるとは、どのような状態を指すのでしょうか。

もう少し掘り下げて考えてみましょう。

「信じる」とは、次のようにわが子を捉えているときに訪れる心理状態だと、私は定義しています。

● この子には、与えられた才能や能力がある
（子どもには、才能や能力がもともと備わっている）

● この子は自分なりの考えがあって行動している
（行動するのも、行動しないのも、その子なりの理由がある）
● 今の状態は、ずっとは続かない
（子どもは成長し、まわりの環境も変わっていくものである）

親が子どもを信じていると、自然と子どもとの関係も良くなります。お互いが自律した状態で、関係を築いていくことができるようになります。

反対に、子どもを信じていると言いながらも、「私がしつこく言わなければ、この子は何もやらない」「私がいなかったら、勉強もせず、良い生活習慣も身につかず、ダメな大人になる」という気持ちが心の片隅にあるのであれば、やはり子どもを信じていることにはならないと私は思うのです。

知らないことがあれば教えればいい。できないことがあればできるようにサポートすればいい。しかし**「勉強も、生活習慣も、マナーも、思いやりも100％身につけた、1ミリも非がない人間に育てなければならない」と気負う必要はありません。**

子育てに苦しんでいる方は、ときに自分が幼いときにできなかったことまで「できるようにならなきゃダメ」と、子どもも自分自身も追いつめているように感じます。

でも、相手は生身の人間ですから、思いどおりになんてなりませんよね。「子どもを立派な人間に育てなければ」と意気込むほどに空回りし、苦しみは増していくばかりです。

「目の前にいる子どもには、才能や能力がある。だから、この先も大丈夫だ」と一旦決めてしまいましょう。

そして「今現在の問題は、ずっと長くは続かない」と知りましょう。

根拠がなくても、思いこみでも、この「一旦決めてしまう」「そういうことにしてしまう」ことが大事です。そう思えば肩の力が抜け、良い循環が生まれていきます。

また、一度答えを決めてしまうと、人はその答えを正解にしようと行動しますから、本当に実現に近づいていくのです。

「不安・焦り・見栄」が子どもとの信頼関係を壊している

そうはいっても、なかなか子どもを信じられないという人もいるでしょう。

子どもを信じられない親の心理状態を考察すると「不安・焦り・見栄」が複雑に絡み合っているのを感じます。

悩みがこの先もずっと続いていくのではないかという不安。
よその子と比較して、わが子が劣っているのではないかという焦り。
他人から認められたい、羨ましがられたいという見栄。

このような不安や焦り、見栄にがんじがらめになったとき、親は子どもを信じられなくなります。

その結果、あれこれと世話をやきすぎたり、指示・命令で動かそうとしたり、人のやる気を引き出す原理原則とは真逆の行動をとってしまうのです。

多くのママさんを見てきた中で感じるのは、まだ何も起きていないうちから一人で問題をつくり、一人で心配して、怒ったりやきもきしたりしている人が、案外多いということです。

私はこの現象を「一人コント」状態と呼んでいます。

「子どもが挨拶をしないから、他のママに〝しつけができていない〟と思われているんじゃないか」

「うちの子、こんなにおとなしくて、大丈夫かな。いじめられているんじゃない？」

「こんなにゲームばっかりしていたら、落ちこぼれになってしまう。将来、いい仕事になんて就けないに決まっている！」

「まわりの子たちは中学受験をするのに、ウチの子は乗り気じゃない。わが家だけ受験しないなんて格好がつかない」


子どもから直接相談をされたり、大きなトラブルがあったりしたわけでもないのに、心配ばかりしてしまう。ある意味、悩みのタネをわざわざ自分自身でつくりだしてしまっているようなものです。

多くの場合は、「まわりの目を気にしすぎている」「将来を悲観しすぎている」

ことが要因なのですが、一人コント状態のときには「そんなに気にしなくていい」と言われても無理でしょう。「それができれば苦労しない」と思われる方も多いと思います。

余談ですが、「気にしないでおこう」と思えば思うほど、ますます気になってしまう現象があります。

フランスの心理学者エミール・クーエは、努力すればするほど報われない「努力逆転の法則」を提唱しました。これと同じで、「気にしないでおこう」と努力すればするほど、余計にその事象に気をとられて、執着してしまうものなのです。

気にしている人に「気にしないでいいよ」、がんばっている人に「がんばらなくて大丈夫だよ」と声をかけるのは、根本的な課題解決にはなりません。

では、どうすれば一人コント状態を抜け出せるのでしょうか。

まずは、自分自身が一人コント状態に陥っていることに気づくことが肝心です。

「まだ何も問題は起きていない。子ども自身は困っていない。将来をそう悲観する必要はない。この問題をつくりだしているのは他でもない私だ」と気づくと、力が抜けて、何だか笑えてくるはずです。笑えたときが、一人コントが終わった合図です。

自分自身の状態に気づくために、コミュニティを利用する方法もあります。

たとえば私が主宰する「Mama Café」では、育児に悩む親御さんからの質問に答える場面がよくあります。そこで出てきた質問に対して、「同じような経験している人がいたらコメントをください」と伝えると、たくさんの声が集まってきます。

そのコメントを見て、質問された方は、自分と同じ人が実は世の中にたくさんいると知ります。そして「問題は長くは続かない」「それほど心配することではない」とわかって安心するのです。

育児中の人が集まるコミュニティに参加し、悩みや不安をシェアするというのはとても有効です。

ただし、同時にコミュニティ選びも重要になります。

コミュニティというと、同じ地域に住んでいる人が集まる場所や、子どもが通う保育園や学校のママ友が集まる場などさまざまです。そのコミュニティに属することで余計に人の目が気になり、不安や心配が大きくなるケースもあります。ストレスを溜めないためにも、参加するコミュニティは意識して選ぶほうがいいでしょう。

また、**当事者や関係者に話を聞き、実態を知るのも有効**です。

子ども自身に「ママはこういう心配をしているんだけど、あなたは困っていない？」と聞いてみたり、学校や塾の先生に「○○という状態にあり、将来が心配なんですが、先生はどう思われますか？」と質問してみたり。

複数の目で客観的に子どもや物事を見ることで、余計な不安や心配がとりのぞかれていきます。本当に心配すべきことであれば、どのように周囲でサポートしていけばいいかを同時に話し合うこともできて、建設的です。

一人コントは、不安・焦り・見栄の心理状態から生まれます。その多くは「まわりの目を気にしすぎてしまう」「他人と比較してしまう」ことが一因ですから、逆転の発想で、この特性を活用してしまう手もあります。

たとえば楽しそうに育児をしているママはどのようなタイプが多いか、じっくり観察してみる。子どもの〝良いところ〟を意識的に探してみるといった具合です。

どうせ周囲を気にしてしまうなら、気にしないようにするのではなく、ポジティブな側面にフォーカスするようにするのです。意識して、見る対象を変えていきます。

すると、真似したいポイントが見つかったり、これまで気づいていなかったわが子の長所を知ることができたりします。

不安や焦りにうばわれていた心に、これまでとは違う情報や感情が入ってくるでしょう。いくぶんか不安や焦りが解消され、客観的に物事を見られるようになっていくはずです。

信頼関係構築で大切な3つの視点

子どもと信頼関係を築くためには、親側がどのような視点で子どもと接するのかが重要になります。第2章で紹介した「子どものやる気を引き出す親の5つの特徴」をぜひ参考にしてみてください。

重なる部分もありますが、次の3つは、とくに大切な心構えです。

❶ 価値観の理解

子どもを信じている親は「親と子どもは価値観が違う」ことを知っています。

価値観とは大切にする優先順位、判断基準のこと。

よくある典型的な価値観の違いには、親が損得基準の価値観を持ち、子どもが好き嫌い基準の価値観を持っているケースがあります。

損得基準の価値観を持っている親は、「学校から帰ってきたらまず宿題」と言います。なぜなら、そのほうがあとで楽（得）だからです。

しかし、好き嫌い基準の価値観を持つ子どもは「今はやりたくない（疲れているからやりたくない）」と主張し、言い合いになるのです。

これはよくある価値観の相違ですが、実は、親自身も自分のことに置き換えて考えると、よく理解できたりします。

仕事でヘトヘトになって帰宅したあと、「まだ仕事が残っているでしょ？　一服する前に、残った仕事をやっちゃいなさい」と言われているのと同じ状況なのですから、「ちょっと休ませて」「先にコーヒーを飲みたい」という気持ちもわかりますよね。

このように冷静に自分事として考えれば、子どもの言い分がわかります。しかし、忙しい日常生活の中では「先にやったほうがラク」という親の価値観が優先されてしまうのです。

常に子どもの気持ちを先まわりして考えるのは疲れてしまいますから、**子どもと意見が対立したときに立ち止まれることが大切**です。

「私はAが絶対にいいと思っているけれど、Bがいいと言う子どもにも一理あるかもしれない」「どちらが良い悪いではなく、お互いの価値観の違いなんだ」と気づけることがポイントです。

❷ 長期的視点

今、目の前にいる子どもを何とかしないと大変なことになるという焦りや不安が、子どもとの信頼関係を壊すことについては、前述したとおりです。

不安や焦りを抱えているときは、どうしても視野が狭くなります。

反対に、**子どもを信頼している親は「なんとかなる、この子は大丈夫」と思う傾向にあります。**

この「大丈夫」に根拠があるわけではありません。根拠なき信頼、これが無意識に発する言葉や態度となって、子どもに届くのです。

子育ては長期にわたります。陸上競技でいえば、マラソンです。はじめからダッシュしていたら持ちませんよね。長く走るためには、無理にペースを上げすぎないことが大切です。

子どもは、大人と違って変化が激しいものです。日に日に成長していきます。

私が親御さんによくお伝えすることの1つに、**「女子は小5ぐらい、男子は中2の9月を境に変わります」**という話があります。

個人差があるので多少の誤差はありますが、多くの子どもたちを見ていると、かなりの確率でこの時期に変わっていきます。


身体やホルモンバランスが変わるため、刺激やストレスが大きい時期です。いわゆる反抗期にさしかかるのも、この頃。言語能力も発達し、自分の気持ちを言葉にできるようになっていきます。これまでは眉間にしわをよせたり、固まったり、ふてくされるぐらいしかできなかった子どもも、ようやく言葉で言いかえせるようになります。

「反抗期になって、子どもが変わってしまった」という親御さんがいますが、実は変わっているわけではありません。

以前から嫌だったこと、ムカついていたことを、やっと言葉や態度であらわせるようになったのです。本来は成長の証です。

「そうか、こう言われるのが嫌だったんだね」「私のこの態度がムカつかせていたよね」と親側が気づかなければなりません。

子どもの訴えに気づかず、親が力でねじ伏せようと対抗していると、子どもはさらに反発します。当然ながら、信頼関係は築けないでしょう。

そして、この頃になると、周囲の環境も変わっていきます。

子どもは、小さい頃は親の影響を色濃く受けますが、親の意向にかかわらず、成長するにつれてその影響は弱まっていきます。家庭以外の場で、家族以外の人と過ごす時間が長くなっていくからです。

親よりも周囲の影響を受けるようになり、親にできることは、子どもをそっと見守り、なにかあればサポートできるようにしておくくらいです。

❸ 一人の人間として尊重する

親は、赤ちゃんのときから子どもの世話をしています。ですから、わが子のことをつい、自分よりも下の立場の人間と思いがちです。

たしかに子どもは知識も経験も、親より少ないでしょう。わからないことは教え、できないことはフォローする必要があります。

しかし、だからといって上司が部下に接するような振舞いをしたり、自分の付属品のように扱ったりする必要はありませんよね。

当然ながら、子どももオリジナルの人格を持った人間であり、尊重されて然るべき存在です。一人の人間として認め、尊重する姿勢があれば、命令や脅迫のような言葉をなげかけることもないはずです。

子どもを、一人の人間として尊重すること。

実は多くの人が、他人の子どもにはできています。子どもの顔色を見たり、伝え方に配慮したりします。

わが子にも他人の子と同じように接することができればちょうどいいのですが、自分の子どもに対しては「自分の思いどおりにさせたい」という気持ちが強く出てしまいます。

子どもは、親とは違う人間。それぞれ違う価値観を持ち、異なる才能がDNAに組み込まれている。

「この子は、どんな才能を花ひらかせるんだろう」と楽しみに待っていてください。

花を咲かせない子どもは一人もいません。それは私が断言します。

「花が咲かないいんじゃないか」と疑心暗鬼になったり、「私と同じ色の花にしたい」「親が期待する大きな花を咲かせたい」と思うと、子育ては歪んでいきます。

それは、子どもを一人の人間として尊重していることにはならないからです。

他愛もない「雑談」のススメ

子どもとの関係がうまくいっていないとき、具体的にはどのようなことを実践すればいいのでしょうか。

信頼関係を取り戻すために有効なのは、**コミュニケーションの頻度をあげ、共通の体験を増やしていくこと。**とりわけおすすめなのは、**他愛もない「雑談」をすること**です。

雑談であれば、お互いの関係性に〝上下〟がなくなります。命令や指示、脅迫、説得といった要素を含まない会話ができます。

フラットな関係の会話ができると、胸襟《きょうきん》を開いたコミュニケーションが可能になる。これが信頼関係をつくる第一歩になります。

勉強や進路、学校のことなど子どもから話したがらない話題は避けたほうがいいでしょう。親が聞きたい話は、どうしても詮索《せんさく》しそうになったり、詰問《きつもん》口調になったりします。結果的に対話に上下関係が生まれ、子どもも多くを話したがらず、会話が弾みません。

子どもにたくさん話してもらうコツは、親が聞き上手になること。相手の話にうなずいたり、「なるほどね」「それで、それで?」などと相槌を打ったり、リアクションをとるようにしましょう。

「誰と?」「どこで?」「いつ?」など5W1Hの質問は、場合によって詰問されているような印象を与えてしまうため、「そのときは、どういう感じだったの?」「○○ちゃんは、なんでそうなったの?」など答えに広がりがでるようなオープンクエスチョンを心がけます。

そして、何より**会話のテーマを「子どもが興味・関心のあること」「子どもが話したがっていること」にする**ことが肝になります。興味のあることであれば、口下手な子でも話せますし、話していて楽しい気分になるはずです。

親御さんが興味のないことでも「教えてもらう」というスタンスでぜひ話を聞いてみてください。

きょうだいがいるご家庭であれば、ときどきは親と子の二人きりで出かけてみたり、「お姉ちゃん・お兄ちゃんだけ」「妹・弟だけ」とマンツーマンで話す機会を設けてみるのもいいと思います。

雑談では、親よりも子どもにたくさん話してもらうことを良しとします。相手が話さないからといって親がマシンガントークで場をつないではいけません。

質問をしたあと、たとえ沈黙になったとしても、黙りましょう。親が黙れば、子どもは話しはじめます。聞き上手をぜひ、目指してみてください。

「コミュニケーションは、量が増えれば増えるほど信頼関係が増す」といわれています。これは肌感覚でもわかるのではないでしょうか。

よく話をする人とは、阿吽《あうん》の呼吸が成立するようになりますよね。それはあえて言わなくても、相手の気持ちがわかるからです。

また、冗談を言い合って笑えるのも、信頼関係ができている証拠です。

「この話のどこが面白いのか」や「この話が冗談であること」をお互いにわかっています。

反対に、冗談のつもりで言ったのに相手が怒りだしたとしたら、その人とは信頼関係が薄いのかもしれません。

まずは、自分自身の心を満たしてあげよう

「親なら子どもを信頼するのがあたりまえ」「子どもは親を信頼するもの」という考え方もあるかもしれませんが、**親子だからといって必ずしも信頼関係ができているとは限りません。**

お互いに「相手を信じ、安心して頼り合えた」という経験が積み重なって初めて、少しずつ信頼関係が強固なものになっていくのです。

時折、「子どもを信じていたのに、裏切られた」と発言する親御さんがいます。たとえば子どもが親に隠れてこっそりルール時間外にゲームをやっていたというようなケースです。

同じ場面に遭遇したとき、子どもを信じている親は、

「なぜ、ルール時間外に隠れてゲームをやったんだろう?」

「どうやったら、この子が楽しめ、親も納得のいくルールをつくれるだろうか?」

と考えます。

つまり、**子どもの行動の根本的な原因にフォーカスし、子ども目線で新しい対策をつくっていこうとする**のです。まだ対策は改善の途中にあり、これからいくらでも良くしていけると考えます。


もしも、子どもの言動に対して、「裏切られた」という感情がわいてきたとしたら、残念ながら、子どものことをはじめから信じていなかったのかもしれません。

「やっぱり、こうなったでしょう?」と心のどこかで予測し、これからも改善できないと決めつけてしまっています。

「裏切られた」は、子どもを信じていないときに出てくる感情だからです。

どうしても、子どもを信じられない。不安や焦り、見栄などの感情が心から離れないというときには、まずは「自分の心を満たしてあげる」ことを考えてください。

現代のお母さん、お父さんが抱えている忙しさやプレッシャーは計り知れないものです。「ちゃんと子どもを育てなきゃいけない」「良い母（父）にならなきゃいけない」という重い荷物を背負っている人が多いように見受けられます。あるいは、「子どもには自分のようになってほしくない」「子どもにだけは幸せな人生を歩ませたい」という強迫観念にも似た思いを持っている人もいます。

自分の中に不平不満が溜まり、疲れやイライラでいっぱいになると、子どもの心を観察したり、他愛もない雑談を楽しんだりする余裕は生まれません。

「疲れているな」と感じたら、めいっぱい自分を甘やかしてください。私が主宰する対面の「Mama Café」で、おいしいパンケーキ屋さんを会場に選んでいるのも、そのためです。

おいしいものを食べ、育児の悩みを好きなだけ話し、悩みを分かち合えば、すっきりします。「こうしてみたら、どうだろう?」という道しるべができれば、希望が生まれます。それが大事なのです。

子どもの声を聞けないというときはぜひ、あなたの話を誰かに聞いてもらってください。

この本を手にとったあなたはすでに、子どものことを十分思いやっています。自分を信じて、肩の力を抜いてオーケーです。

子どもとの信頼関係が少しずつ取り戻せているなと感じたら、子どもに合っていそうなやり方を、あなたの負担にならない範囲で、一つずつはじめてみましょう。

エピローグ

本書も最後になりました。最後を締めくくるにあたり、次のようなお話をしたいと思います。

「子どものやる気を引き出し、自主性を育むことで、学習においてはもちろん、将来目標を持ったときに自走できるようになっていく」。

「やる気」という言葉は、これまで「気合・根性・努力」と同義語で使われてきました。令和の現在でも、まだそのように思っている人がいるかもしれません。

たとえば、部活動で生徒のやる気を引き出すために、怒鳴る、叩くなどの暴力をする教師もまだまだいるようです。また、徹底管理しないと勉強する子にならないと勘違いしているケースもあります。

しかしこれからの時代、そのようなやり方はますます通じません。仮に通じたとしても、それは一時的に効果があるように見えているだけで、自走できる子にはなりません。

たまたま、過去の時代では多くの人がそれを当たり前のように行っていたという理由でやりつづけていただけなのです。非科学的であるにもかかわらず、それが正しい方法と錯覚していたにすぎないわけです。

たとえば昭和の時代、身体を鍛えるのに、ウサギ跳びをさせられていました。しかしその後、科学的検証でそれが身体に良くないことがわかりました。当時はそれが正しいと思っていましたが、実際は逆だったということです。

本書の中でも触れましたが、「やる気が引き出されると自ら行動する」ようになります。**つまり、やる気を引き出すとは、行動したくなる声かけや仕組みづくりをすること**です。

暴言、暴力で行動をしたくなることはありません。行動しないと怒られるから行動するだけであり、行動したいと思っているわけではないのです。

暴言、暴力とまでいかなくても、似たような現象が家庭内でも起こっています。つまり、やる気を引き出すために、子どもに指示・命令・脅迫・説得して勉強をやらせようとしたり、怒鳴ったりしてやらせることがあるというのです。

とくに中学受験ではそれが顕著のようです。

たとえば中学受験をする子がいる家庭の過半数以上が、子どもが勉強しないので、受験問題集等を親が捨てたことや破ったことがあると回答しています。

そこまでして中学受験をする意味があるのか疑問ですが、そのような方法でしか子どものやる気を引き出せないと思っていたとしたらとても残念なことです。

やる気を引き出すメソッドは確実にあるからです。

また勉強だけでなく、生活習慣においても、親の思いどおりに動かないわが子に、行動するように指示・命令・脅迫・説得することもあるようです。「〇〇しないと△△になるよ！」という脅迫や、「将来のためにも今やったほうがいいから」という説得も子どもにはまったく通用しませんが、つい使ってしまいます。これらは、「子どもの心が変わることで行動が変わる」というモデルではなく、「無理矢理でも行動させる」というモデルになっています。

しかし一方で、どうすれば「子どものやる気を引き出すことができるのか？」と途方に暮れてしまうと思います。

やる気を引き出すメソッドが現代ではほぼ確立しているにもかかわらず、残念ながら、世の中には流布《るふ》していないので無理もありません。一部の人だけが知る秘密のノウハウになってしまっているからです。

これまで筆者は35年間にわたり、数多くの親子に接してきました。もちろん親子それぞれに個性があり、性格も価値観も違う中で、同一のアドバイスをすることはできません。

しかし、普遍的に効果がある方法も一方でわかってきました。それをまとめたのが本書になります。

言葉を変える方法や仕組みをつくって回す方法をたくさん提示してきました。大概、いずれかが効果的な方法として当てはまると思います。そのため一つ、二つだけではなく、多数提示しました。どれが合うか試していただくためです。

ですから、**全てを行う必要はありません。いくつか試してみて、お子さんにフィットする方法を探してみる感じで使ってみてください。** 35年間にわたる教育ノウハウの結晶ですから、該当する方法は必ず見つかると思います。

最後に次のお話をして本書を閉じたいと思います。

子育てや人の育成は大変なことではあります。楽ではありません。

しかし、楽ではありませんが、楽しむことはできます。楽しむとは主観的なものであり、自分がどう捉え、どう考えるかで今すぐにでも簡単に変えることができます。

今まで自分がしてきたことは忘れてください。子どもに小言を言ったり、叱る、怒ることを繰り返してきたとしても、それは過去のこと。忘れてください。それを引きずってもまったく意味がありません。

「これからどうするか」だけに意識をフォーカスしてみてください。

すでに本書を手に取られている段階で、お子さんへの愛情があります。その愛情さえあれば子どもはすくすく育っていきます。多少、叱っても、怒っても、イライラしても大丈夫です。子どもは勝手に育ちます。

しかし、できればそれらを少なくし、楽しみの方が多い子育てができればそれにこしたことはありません。

本書はそのための本だと思ってください。時折、本書を開き、気になった部分だけを繰り返し読んでもいいでしょう。

子どもの頃に、何かに対してやる気を持って取り組んだ経験がある子は、やる気の〝鋳型《いがた》〟が作られます。そして大人になったとき目標を持ったら、その鋳型のとおりに、やる気が発動していきます。

単に、目の前にいる子どもの勉強へのやる気を引き出すためのノウハウというだけでなく、**将来にわたって利用できる、やる気を発動させる方法**でもあるのです。

ぜひ、楽しみながら、わくわくしながら、このノウハウを使ってみてください。できないことがあってもまったく問題ありません。できなければ、別のメソッドを次々と〝実験〟してみてください。必ず子どもに合うメソッドが見つかります。

私はVoicyという音声配信アプリで「Mama Caféラジオ」を２０２０年9月11

日から毎日連続配信しています。そこでは、ママさんたちの悩みや相談について毎日回答しています。

もし、本書を読んでもモヤモヤが消えないことがありましたら、ぜひ音声配信を聴いてみてください。きっと心が軽くなっていくと思います。

▼ Voicy の
QR コード

ではこれで本書を閉じたいと思います。最後までお読みいただきありがとうございました。またどこかでお会いできることを楽しみにしております。

２０２３年５月

石田勝紀

石田勝紀（いしだ かつのり）

1968年横浜生まれ。20歳で起業し、学習塾を創業。4000人以上の生徒に直接指導。講演会やセミナーを含め、5万人以上を指導。現在は「日本から 勉強が嫌いな子を1人残らずなくしたい」と、Mama Café 、執筆、講演を精力的に行う。国際経営学修士（MBA）、教育学修士。著書に『はじめての子ども手帳』『子どもを叱り続ける人が知らない「5つの原則」』（ともにディスカヴァー・トゥエンティワン）、『子どもの自己肯定感を高める10の魔法のことば』（集英社）ほか多数。

声かけ×仕組み化×習慣化で変わる！
子どものやる気の引き出し方

2023年6月10日　初版第1刷発行

著　者――石田勝紀　©2023 Katsunori Ishida
発行者――張 士洛
発行所――日本能率協会マネジメントセンター
〒103-6009　東京都中央区日本橋 2-7-1 東京日本橋タワー
TEL　03(6362)4339(編集)／03(6362)4558(販売)
FAX　03(3272)8127(編集・販売)
https://www.jmam.co.jp/

編集協力 ―――― 猪俣奈央子
カバーデザイン ―― 小口翔平+畑中 茜（tobufune）
本文デザイン・DTP ―― 内海 由
印刷所 ―――― シナノ書籍印刷株式会社
製本所 ―――― 株式会社新寿堂

ISBN　978-4-8005-9119-7　C0037
落丁・乱丁はおとりかえします。
PRINTED IN JAPAN